個人営業・法人営業の両方でNo.1

BASICS

一生使える「営業の基本」が身につく本

株式会社プラウド代表取締役社長 山本幸美

大和出版

はじめに
あなたが「売れる営業」になるために一番大切なこと

「これから始める営業の仕事で成果が出せるかどうか不安」

「営業として何とか成果を出したい！」

「どうも最近、数字が伸びない」

この本を手にとられたあなたは、こんな思いを秘めているのではないでしょうか？

でも、**「具体的に何をどうすればいいのかがわからない」**という人がほとんどでしょう。

ご安心ください。

そのような人も、この本を読むことによって、必ず一生営業で困らない解決策が得られるはずです。

なぜ、私はこんなことがいえるのでしょう？

いま私は、さまざまな企業の営業マンの方々と研修やセミナーなどでご一緒させていただいております。

以下にご紹介するのは、すべて私の営業研修やセミナーを受講してくださった皆さんや、その上司の方からいただいた「生の声」です。

●山本先生の研修を新卒の営業マンに受講させたところ、営業に対する意識が変わり、いまでは他の営業マンの手本となるような存在に成長しました（情報通信・人事部長）

●年収が360万円→980万円と2年間で大幅アップしました（コンサルティング営業）

●営業実績が買われ、上場を控えた企業の役員としてヘッドハンティングされました。なんと年収も1・4倍に！（教育産業・執行役員）

●2年目で営業リーダーに任命されました。「営業の基本を習得することなしに営業力向上はない」と日々、指導しています（自動車メーカー営業）

●クロージングが苦手だったのですが、契約率が2・5倍にアップしました（冠婚葬祭・営業）

●半年近く成果が出ずに悩んでいたのですが、初めてお客様から高額注文をいただくことができました！　しかも、そのお客様から紹介もいただきました。営業のコツがつかめた気がします（広告代理店・営業）

●最初は「本当にこんな簡単なことで売れるようになるの？」と疑問に思っていましたが、それは大きな誤解でした。売れる営業になるためにやるべきことって、じつにシンプルなんですね（機械メーカー・営業）

●初めて全国成績の800人中上位20人に選ばれました！（生命保険・営業）

●やる気に波があるメンバーが、営業研修を受講したら以前よりも集中力が増したようで、半年連続で月に1棟以上の契約を出せるまでになりました！（住宅販売・部長）

●予算が2000万円だとおっしゃっていたお客様が、話をよく聞けばじつは3000万円までOKとのこと。無事、受注が決まりました（リフォーム・新人営業）

●伸び悩んでいるときに、研修を受けました。いつも予算に厳しいクライアントが、ふだんの3倍の予算を設定してくれるようになりました（コンサルティング営業）

●値引きを要求されて困っていましたが、研修で教えていただいたことを忠実に実行することで、値引きをせずに追加注文がとれるようになりました（製薬・営業）

●研修を受け、世界が変わりました！　クレームのお客様に商品を購入していただくことができました。こんなの初めてです！（OA機器・営業）

●競合のほうが安いといわれましたが、丁寧に提案していったところ、コンペに勝つことができるようになりました！（商社・営業）

いかがですか？

これらは、私がいただいた声のごく一部。

というよりも、私の研修やセミナーを受講したほとんどすべてといっていいほどの方々が、同じような成果を上げることに成功しているのです。
ただし、そのためには「あること」をマスターする必要があります。
そのあることとは、いったい何でしょうか？

ズバリ、「営業の基本」です。

営業の基本さえ身につけることができれば、どんな業種であっても、売れる営業になれるのです。

このことは、個人営業、法人営業の両方でトップセールスの実績をもつ私の経験からいっても断言できます。

「本当に〝基本〟で売れるの？」

なかには、まだ疑っている方がいるかもしれませんね。
では、もう1つ別の話をさせていただくことにしましょう。

私の営業研修やセミナーを受講される方のなかには、新人だけではなく、東京での開催であるのにもかかわらず、はるばる四国・九州や北海道から来られる現役バリバリの営業マンもいます。
なかには、年収1億円を超える営業マンもいるほどです。

注目していただきたいのは研修の内容です。

そう、じつはこの研修の内容が「営業の基本」そのものなのです。

彼らはなぜ、基本の研修を受けようとするのでしょうか？

「輝かしい実績をもっているのだから、もう基本なんてマスターしているだろう？」

そう思いますよね。

私も不思議だったので、あるとき、それとなく彼らのうちの何人かに尋ねました。

すると、こんな答えが返ってきたのです。

「営業はテクニックで売れるようになるものではない。だから、あらためて自分のなかに基本を叩き込んで、当たり前のように成果を上げられる営業になりたい」

「営業の基本を繰り返し身につけたい」

「知っていることと、できていることはまったく違いますから」

表現こそ違えど、営業実績が素晴らしい人ほど「営業の基本」の重要性を認識しているのです。

一方、売れない営業や伸び悩んでいる営業にかぎって、

「基本だけでは売れない」

「もっと特別な営業方法はないか？」

「すごい営業テクニックを身につけたい」

と考えがちです。

でも、それは大きな誤り。

売れる営業ほど、ごくごく基本的な営業活動を積み重ねることで大きな成果を上げているのです。

これは、営業として数多くのセールス賞をいただいた私の実体験からいっても、そして5万人以上の営業マンを見てきた経験からいっても、紛れもない真実。

「派手で特別な営業法」はニセモノです。

「地味で目立たない基本」こそがホンモノです。

最後にもう一度繰り返します。

売れる・売れないを左右するのは「基本」です。

この本をお読みいただくことで、ぜひ確固とした「基本」を身につけてください。

そして、一生売れ続ける営業に変身してください。

私は、あなたがそうなれることを心より信じています。

株式会社プラウド　山本幸美

一生使える「営業の基本」が身につく本　目次

第1章 「売れる・売れない」はここで決まる！——考え方の基本

第2章 訪問する前にこれだけ差がつく！ ――事前準備の基本

第3章 「ぜひ、会いましょう!」といってもらえる! ――アポとりの基本

第4章 お客様がみるみる話し出す！ ——ヒアリング&トークの基本

第5章 ラクに商談を組み立てられる！ ―― 提案の基本（フレームワーク編）

第7章 驚くほど決まる、買ってもらえる！ ―― クロージングの基本

第8章 一生、あなたのお客様になってくれる！——アフターフォローの基本

第9章 「売れ続ける営業」は皆、やっている！——社内の人間関係の基本

本文デザイン／村﨑和寿

第1章

「売れる・売れない」はここで決まる！

——考え方の基本

営業に「特別なセンス」や「才能」は必要ありません。
どんな「考え方」で営業に臨むのか？
これが「売れる・売れない」の分岐点になるのです。
あなたの潜在能力を最大限に引き出す、
すなわち売れ続けるための原動力となる「考え方」を
徹底的にマスターしましょう。

一生使える

1 「お客様を幸せにする」のが営業の仕事

「山本さんは結局、自分の数字のために営業してるんでしょ。あなたじゃ話にならないから、別の人を呼んできてちょうだい」

営業の仕事に就いて間もない頃、お客様からいわれたキツイ一言。

恥ずかしながら、当時の私は**「いかに売るか？」**ということばかり考えていました。

契約してもらえなかったお客様には、何度も催促の電話を繰り返す。数字ほしさに、すぐに契約してくれそうなお客様にばかり力を入れる。そして、しつように契約を迫っては、断られてため息をつく毎日。

これでは結果など出るはずがないですよね。

過去の私のように「自分の数字」「自分の幸せ」だけを考えている営業マンは、お客様が最も嫌う営業マンの代表格。

売れる営業と売れない営業には、ある違いがあります。

それは、「商品やサービスを通じてお客様に幸せになってほしい」と真剣に考えているかどうかです。

つまり、営業の仕事とは、売ることではなく、「お客様を幸せにする」ことなのです。

もし、あなたが結果を出せずにいるとしたら、「自分が売りたいと思う商品やサービスを押しつけていないだろうか？」「心からお客様に幸せになってほしいと考えているだろうか？」ということを、あらためて自分に問いかけてみてください。

まずは、目の前のお客様の幸せを徹底的に追求することです。

自分を幸せにしてくれる営業マンだとわかれば、お客様は「君のいうとおりにするよ」と信頼を寄せてくれるようになります。

そうすれば結果も自然とついてくるし、「営業こそ自分の天職」と感じられるようにもなるでしょう。

これは、私の経験からいっても自信をもって断言できること。

だからあなたにも、つねに**「どうすればお客様に幸せになってもらえるのか？」**ということを考えられる営業になってほしいのです。

このポイントさえ押さえておけば、あなたは自分でも驚くほど売れる営業になれることをお約束します。

一生
使える

2

なぜ、お客様は商品やサービスを必要とするの？

先に「営業とはお客様を幸せにする仕事」だとお話ししました。

これをより具体的に定義するなら、**「お客様のよき未来を築く」**ということです。

では、そのためには、何をすればいいのでしょうか？

答えは、「お客様の過去や現在の悩み、不満に目を向ける」ことです。

そもそもお客様はなぜ、私たちの商品やサービスを必要としてくれるのでしょうか？

そう、「悩み」「不安」「不満」「課題」を抱えているからですよね。

じつは、ここが営業の**「急所」**。

これは個人営業、法人営業を問わずです。

売れない営業は、この急所を押さえていないから売れないのです。

反面、売れる営業は、「お客様からいかに悩みや不安を引き出すか？」ということに全力を注いでいます。そして、「この人なら、だれにもいえない悩みや課題を一緒に解決してもらえそう」と思わせているからこそ売れるのです。

営業2年目の頃、あるお客様から、こういわれたことがあります。

「じつは、こんなことで悩んでいてね。山本さんはどう思う?」

私が一生懸命、この問いに答えたところ、商品説明らしいものをほとんどしていないのに契約成立。そのうえ、「勇気をもらえたよ! ありがとう!」と感謝までされたのです。

「いままでしていた営業は何だったんだろう?」と考えさせられた出来事でした。

それまでの私は、自分の売りたい商品をただ延々と説明するだけで、お客様に「悩み」などというものが存在することになど、まったく気がついていませんでした。

振り返ってみれば、このときの体験が私の営業人生を変えたといっても過言ではありません。


ただひたすら、目の前にいるお客様の心の奥に隠された悩みを引き出す——。


他のことは忘れて、まずはこのことだけに全力を注ぎましょう。

たとえ経験が浅くても、お客様の悩みを心から共有できる営業マンは、間違いなく売れます。

ウソだと思ったら今日からさっそく、お客様に聞いてみましょう。

「お客様のいまのお悩みはどんなことですか?」と。

きっと、あなたの世界が変わってくることでしょう。

一生使える

3 私たち営業は「解決マン」

新人の頃、「あなたの都合を押しつけないで！」とお客様から叱られたことがありました。

理由は何だと思いますか？

たった1つだけです。お客様の不安や悩みを知ることもなしに、「うちの商品はこんなに素晴らしいんですよ」と自社の商品の売り込みに必死だったから。

もしあなたが、だれにも打ち明けられずにいた悩みを相談したとき、話もそこそこに、「あっ、そうなんだ、ところで～」と相手が自分の話をし始めたらどう思いますか？

「この人になんか相談しなければよかった」とガックリしますよね。

じつはこれ、営業の場面でも多くの営業マンが無意識のうちにやってしまっていることなので注意が必要です。

世の中では、営業マンのことを「セールスマン」などということがありますが、私はもっとふさわしい呼び方があると考えています。

「解決マン」です。

思わずぷっと吹き出した人もいるでしょう。でも、私は本気でそう思っています。

なぜなら、売ることを忘れるほど、お客様の悩みを解決することに没頭してこそ、いい営業マンになれると確信しているからです。

もっというと、顧客満足は「抱えている悩みや課題が解決できた」、あるいは「解決できそうだ」とお客様に思ってもらえたときにこそ実現できるものだからです。

まずはお客さまの悩みや不安、課題をよく聞く。

そして、その悩みや不安、課題を自社の商品やサービスを通じて解決することで、満足してもらう――。

営業の仕事はとてもシンプルです。

契約や購入は、お客様からの「悩みをわかってくれて、そして悩みを解決してくれてありがとう」という、あなたへの**「ご褒美のしるし」**なのです。

だから、売ることなどに気をとられず、とにかくお客様の悩みを解決することを最優先にしましょう。

「あなたに会えて本当によかった。これで悩みが解決できる」と喜びの言葉を引き出せる人こそ営業のプロなのです。

一生使える

4 「売る罪悪感」を払拭しよう

営業研修をしていると、「お客様に本当に必要だとは思えないので、心から売れない」などと、売る行為に対して少なからず**「罪悪感」**をもっている人に出会うことがあります。

たしかに、本当に必要のないものなら、それでいいでしょう。

でも、私の経験からいうと、その「罪悪感」というのはほとんどの場合、単なる思い込みにすぎません。

彼らが「罪悪感」をもつ理由は、主に2つあります。

①自社の商品やサービスのよさを知らない

②自分の勝手なものさしで決めつけている

売ることに対して罪悪感を抱えたままでは、売れる営業にはなれません。

そこで、その罪悪感を解消する方法をご紹介することにしましょう。

【方法①　とにかく自社の商品やサービスのことを知り尽くす】

自社の商品やサービスを徹底的に研究していると、面白いことが起こります。

それは、いつの間にか愛着が湧いてくるということ。

愛着が湧いてくれれば、「どうすればお客様の役に立てるのか?」ということに目が向いていきますよね。

そうなれば、売ることに対する「罪悪感」など、自然に消えていきます。

【方法② 自分ではなく、「お客様がどう感じているのか?」を第一に考える】

たとえば月給25万円の営業マンが1000万円の商品を売るとします。

そんなとき、つい「自分だったらこんな高いものは買わない」「こんなものをほしがるなんて、わけがわからない」と自分の勝手なものさしで判断してしまいがちですが、これはまったく無意味なこと。

プロの営業マンなら、**「お客様がどう感じているのか?」「お客様にとって自社の商品やサービスはいかなる価値があるのか?」**を考えるべきだからです。

実際のところ、お客様の視点で商品やサービスを見てみると、それまでだったら目に入らなかったようなメリットに気づくことも多々あります。

売れる営業になるためにも、個人的な価値観で判断することは絶対に避けましょう。

一生使える

5 お客様には大きく分けて「3つのタイプ」がある

当たり前のことですが、お客様は十人十色で、同じ人は存在しません。でも、売れる営業と売れない営業の違いを分析していくうちに、お客様は3つのタイプに分類できることがわかりました。

①だれが営業しても購入するお客様
②だれが営業するかで購入するかどうかが決まるお客様
③だれが営業しても難しいお客様

売れない営業は、①の「だれが営業しても購入するお客様」が大好きです。②の「だれが営業するかで購入するかどうかが決まるお客様」には、押して押して押しまくるか、早々にあきらめて撤退します。結果はほぼ全滅で、ライバルに決められてしまいます。③の「だれが営業しても難しいお客様」には近寄ろうともしません。

一方、売れる営業は、①のお客様には、いつもどおりの平常心で丁寧に対応し、難なく契約。②のお客様には、間違っても自分から「買ってください」などとはいわず、お客様のほうから「ぜひ、あなたにお願いしたい」といってもらえるように動きます。③のお客様からも、決して逃げることはありません。むしろ、**「このお客様を救えるのは自分しかいない」**と真正面からぶつかり、自分の力を発揮していきます。結果として、他の人があっと驚くようなお客様からも「お願いします」といってもらうことに成功します。

話を整理しましょう。

まず、①のお客様は確実にご一緒させていただくことが大前提です。

次に、売れる営業になるためには、②のお客様をどれだけ自分に振り向かせられるかにかかっているということを覚えておきましょう。

③のお客様は、他の営業マンが嫌がるお客様です。つまり、ライバルが少ないということ。したがって、一度ご一緒させていただくことができたら、「あなたしかいない」と絶大な信頼を集めることも夢ではありません。

世の中では、「売れる営業は自分からお客様を選ぶ」といわれていますが、真の売れる営業はお客様を選り好みなどしません。

どんな人からも「あなたにお願いしたい」といわせる営業力をもっています。

あなたにも、ぜひそんな営業マンになっていただきたいと思います。

一生使える

6 これを「言葉」にできるかどうかで世界が変わる

あなたが売れる営業になるうえで、とても効果的で、かつ手っ取り早い方法があります。

それは、日頃からお客様や周囲の人に「感謝の気持ち」をきちんと言葉で伝える——。

にわかには信じられないかもしれませんが、これは紛れもない事実です。

これを心がけるだけで、あなたの世界は劇的に変わるのです、

たとえば、お客様のところにお邪魔をして、もてなしを受けたとしましょう。

「本日は、大変貴重なお時間をいただきまして、誠にありがとうございます。○○様にお会いでき、とても嬉しく思っております。お話も大変勉強になることばかりで、私自身も勇気をいただきました！」

このようにいわれると、お客様自身も「出会えてよかったな」と思いますよね。

それだけではありません。

人は相手から感謝されたり、期待されたりすると、**「もっと感謝されたい」「期待にこたえたい」**と思うもの。

つまり、自然と**「〇〇さんにお願いしたいな」**と思ってもらえる確率が高まるのです。

実際、売れる営業は、メールなどでも「いつもお世話になり、ありがとうございます。」などと必ず感謝の言葉から入ります。

さらに驚くべきなのは、自分にとっていい出来事にかかわった人だけに感謝しているわけではない、ということです。クレームをいってきたお客様や、自分を叱責した上司などにも、「ご指摘、ありがとうございます」などと、まず感謝から入ります。

そして、そんな真摯な姿勢に人は心を打たれるのです。

まずは、**「どうすればお客様に感謝の気持ちが伝わるのだろうか？」**と考えることが第一歩です。

「ありがとうございます」「おかげさまで」という基本の言葉はもちろん、感謝の気持ちを表現するための語彙を豊かにすること。そうすれば、お客様のちょっとした心遣いに対して、ふさわしい言葉を使ってお礼がいえるようになります。

感謝の気持ちを相手に伝えた数だけ営業人生が豊かになります。

これまで多くの営業マンを見てきて痛感しているのですが、実際に感謝の気持を言葉で伝えている営業マンは本当に少数派。

だからこそ、こうした基本を地道に実践できる営業マンがお客様に選ばれるのです。

一生使える

7 「なぜ営業を選んだの?」に答えられるようにしよう

まず、あなたに質問です。

なぜ、あなたは営業をしているのでしょうか?

じつは、この質問に答えられるかどうかで、あなたの営業人生が決まるといっても過言ではありません。

なぜかというと、この質問に対する答えが、**「営業マンとしてどんな人生をどう生きているのか?」**ということを端的に表すものだからです。

日々、お客様と出会うのが営業という仕事。

この営業という仕事をどうして選んだのか?

もし仮に、「たまたま営業をやっているだけ」「営業なんてやるつもりじゃなかった」という思いから、即座に答えられないとしたら、どうなるでしょうか?

お客様から、「投げやりに仕事をしている」「自分の仕事の役割を理解していない」と判断されかねません。

その一方で、たとえば営業という仕事をしている理由を、自分の成長とリンクさせてきちんと説明できたとしたらどうでしょう？

そう、そんな営業マンは頼りがいがあるし、お客様にしても応援したくなりますよね。

さらには、営業という仕事を選んだ理由が、**「お客様の人生に元気や勇気を与えたいと思ったから」**というものであったとしたら、なおいいでしょう。

そんな営業マンだったら、お客様のほうも、思わず「この営業マンを喜ばせてあげよう」と協力してくれることになるかもしれません。

もちろん、営業をする理由が、「稼ぎたいから」「お金がほしいから」といった金銭的なものである人もいるでしょうし、私自身、それを否定するつもりはありません。

でも、理由がお金の場合、年収が頭打ちになることが多くなって、「給料が上がらないから、これ以上頑張らなくてもいいや」となる危険性があります。

その点、売れ続ける営業ほど、お金以外の理由をもっています。

そして、それが結果的に、お金を呼ぶことにもなるのです。

なぜ、営業という仕事をしているのか？

ぜひ、一度振り返ってみてください。

第1章「考え方の基本」のエッセンス

◎売れ続ける営業とは「お客様の幸せ」を量産できる人。

◎お客様の「悩み」や「不満」に出会えた数だけ未来は広がります。

◎「営業力＝解決力」と心得ましょう。

◎売ることへの罪悪感を手放せば、お客様からの「ありがとう」が待っています。

◎もう「お客様を選ぶ」という幻想は捨てましょう。

◎お客様への感謝の気持ちはきちんと「言葉」にして伝えましょう。

◎「営業という仕事を通じてどんな人生にしていきたいか?」を考えてみましょう。

第2章

訪問する前にこれだけ差がつく！

——事前準備の基本

事前準備を制する者は、商談を制する——。
売れ続ける営業は、事前準備で
勝負が決まることを知っています。
「とりあえず行ってきます営業」はここで卒業。
この章で、事前準備の基本をしっかり習得して、
最良のイメージをもって営業に臨みましょう。

一生使える

8 「とりあえず訪問」をやめよう

何の戦略もなく、次の一手も考えていない訪問を、私は**「とりあえず訪問」**と呼んでいます。

ご多分にもれず、売れない営業だった頃の私も、訪問を重ねることだけで営業した気になっていました。

なぜなら、「営業は数多く訪問してお客様と顔見知りになれば信頼され、買ってもらえる」と錯覚していたからです。

実際、当時の私は、「有名企業の課長に会えた」「お客様と知り合えただけで嬉しい」などと、名刺を眺めては悦に入っていました。さらに、訪問自体がお客様の大変貴重な時間を奪っているという意識が非常に希薄。だから、お客様が忙しかろうがおかまいなし。「電話ではあれなんで訪問します」という具合に、平気で時間泥棒をしていました。

あなたはいかがでしょう?

もし、思い当たるふしがあるようなら、それは訪問数が自分のノルマへの不安を消し去る材料になっているのにすぎないということなので注意が必要です。

たしかに、会社に1日中いるようでは成果が出ないのも事実。

「会社にいるというのはサボっていることだ」という上司がいれば、「とりあえず行ってきます！」といいたくもなってしまうでしょう。

でも実際のところ、「お客様から時間をいただいている」「訪問されることがお客様にとってはコストなのだ」と、お客様の立場に立って考えられる営業マンしか生き残れないのです。

たしかに訪問数も大切ですが、営業として結果を出すためには、同時に**「効率」**や**「質」**を追い求めていく必要があります。

どうすればお客様から喜んでいただけるのか？

訪問するにしても、つねにそのような視点をもって臨むことが大切なのです。

そのためにも、まずは「とりあえず行ってきます」の衝動型営業をやめましょう。

どうしても近くまで寄ったという形跡を残したいのならば、たとえば手紙にしてみてはどうでしょうか？

「近くまで寄りましたので、ご挨拶のお手紙です」とポストに投函するのは、お客様の時間をムダに奪うこともなく「気にかけてくれているんだな」と好印象を与えるでしょう。

一生使える

9 ムダな訪問を減らす〝とっておきの方法〟

「とりあえず訪問」をなくす――。

そのためには、**「何のために訪問をするのか?」**と訪問の目的をしっかりと押さえておくことが何よりも大切です。

そのうえで、たとえばアポイントをとる際、「○○のためにお時間のお約束をさせていただいてもよろしいでしょうか?」と訪問の目的をお客様に明言するようにしましょう。

つまり、**「今日は、○○をする目的で行こう」**と1つひとつのアポイントに**「テーマ」**をもつようにするのです。

そうすれば、必然的に「とりあえず訪問」は減っていきますよね。

目的をもてば、自分が何をすればいいかということが明確になりますし、お互いに時間をムダにすることもなくなります。

メリットは他にもあります。

それは、営業マンが「○○をしに行きます」と訪問目的を明確に伝えておくことで、お客様サイドも、「あれを準備しておけばいいな」「上司に根回ししておかなくては」「あのことも話しておいたほうがいいな」など、こちらの想像以上に準備をしてくれるようになることです。

たとえば私の場合、「次回の訪問は、先日お話ししたことを踏まえたご提案資料を持参いたしまして、詳細を説明させていただきます」と目的を告げておくことで、**「それでは、上司と他の関連部署にも声をかけておきます」**などと話が前進することがよくありました。

そしてスムーズに商談が進み、無事に契約――。

こうしたケースが、本当に数えきれないくらいあったのです。

一方、これが目的をもたずに訪問した場合はどうなるでしょう？

いたずらにお客様に手間をとらせてしまうだけですよね。

こんなことではお客様から信頼されることなどないし、結果として売れるものも売れなくなってしまいます。

お客様と密度の濃い時間を過ごすためにも、ぜひ訪問の目的をしっかりと押さえる習慣を身につけてください。

一生使える

10 事前情報は「ネット」と「リアル」の両面から

お客様の情報を事前に集めるというと、いまではホームページやフェイスブックなど、**「ネット」**がもっぱら主流になりました。

もちろん、これらを押さえておくことは基本中の基本（といっても、実際にこれができている営業マンはごく少数派。逆にいえば、これをしっかりとやっておくと大きなアドバンテージになります）なのですが、もう1つ、大事なことがあります。

それは、**「あらかじめお客様の商品やサービスに触れておく」**ことです。

たとえば、お客様がエンドユーザー向けの商品を出している企業であれば、1ユーザーになってみるといいでしょう。

お客様は自社の商品を使ってくれていると聞くと、手放しで喜ぶもの。そうすると、立場が逆転して、こちらがお客様となるので、無意識のうちに「この営業マンをムゲにはできないな」と考えるようになります。

そこへ、「私自身が1消費者であり1ユーザーであるからこそ、気づけたり、提案できることがありますす」と伝えることができたらどうでしょう?

確実にライバルに差をつけることができますよね。

また、「知り合いが同業界に勤めている」などといった**「お客様との接点」**を見つけておくことも大切です。私自身、新規クライアント先で「親戚が同じ業界に勤めているんです」と伝えたとたんに話が盛り上がり、契約になったというケースが何度もありました。

では、もし情報がどこにも見当たらない場合は、どうすればいいのでしょう?

そんなときには、先輩社員から情報を集める――。

これに尽きます。私の経験からいっても、これほど役に立つものはありません。遠慮することなく、どんどん質問しましょう。

いずれにしても、多くのお客様はどこかで「営業マンだからうちの業界のことは知らないでしょ?」と思っています。

それをいい意味で裏切り、**「よくご存知ですね」**に変えていく努力を怠らない営業マンになってこそ、「この人なら」と必要とされるようにもなるのです。

「営業マンとしても、御社の1ファンとしても、ぜひお手伝いさせていただきたいです!」といえる営業マンになりましょう。

毎日の営業が、いまよりももっと楽しくなりますよ。

一生使える

11 資料の豊富さが一歩リードした訪問につながる

新人時代、トップ営業と同行できると聞いて期待に胸を膨らませていたときのこと。

「山本ごめん！　そのカバンでは、お客様のところには連れていけない」といわれ、大変ショックを受けたことがあります。

当時の私のカバンはといえば、まるで板チョコのように薄っぺらいもの。

一方、トップ営業のカバンは例外なく大きく、たくさんの資料が入るものでした。

もちろん、やみくもに資料が多ければいいというのではありません。大切なのは、お客様のニーズに合いそうな、**次の一手を考えた資料を複数もっていくことです。**

つまり、一番提案したい商品やサービスに関連する資料だけに固執するのではなく、「これがダメだったらこれも」という具合にゾーンを広めに用意しておくのです。

また、こういう場合はどうでしょう？

あなたは、課長さん1人と訪問の約束をしたら何部、資料を持参しますか？

「1部でしょ」と思われたかもしれませんが、**「最低3部」**は持参しましょう。

なぜなら、実際に訪問してみると、部長や役員が同席したりするなど、人数が増えることがあるからです。1部しか用意していないことで、数人で見てもらわなければならなくなったりすると、いたずらに不快感が広がっていくだけ。相手が1人の予定だからといって、決して油断してはなりません。

いずれにしても、お客様を訪問する際には、何種類かの資料をそれぞれ複数用意し、当日ヒアリングした内容に一番合致する**「アタリの資料」**をぱっと出せるようにしておくことが大切です。そして、その資料をもとに「ここは、もっとこういうのがあったらいいな」とお客様から浮かび上がったニーズをさらに具体化していきましょう。

なお、持参する資料については、1から作成するのが難しければ**「他社事例」**でもいいでしょう。「これはあくまでも、別の企業様の事例ですので、本日おうかがいした内容を踏まえて御社に合わせて作成させていただきます」という段取りにすれば、一度の訪問で、資料の精度はかなり高くなります。

工夫をすれば、何度も訪問したり、「社に戻って上司に確認します」というようなことがしだいになくなっていきますし、同業他社に先を越されるなどということもグンと減るでしょう。

一生使える

12 タブレット端末はあくまで補足のツール

最近、iPadなどのタブレット端末を営業の主力ツールとして使っている営業マンを見かけます。

営業マンからすると資料などが最小限ですむので、ラクだと考えているのでしょう。

でも、じつはそこが落とし穴なのです。

ある会社の役員と雑談をしていたときのこと。

「最近の若い営業マンは、資料もほとんど用意せずに、タブレット端末の画面を次々めくりながら説明しようとするから、何がなんだかさっぱりわからない」とご立腹の様子。

しかも、営業マンがその画面を見せているときの様子が、どうにも「上から目線」に感じられてしまうのだとか。

たしかに、営業マン自身は慣れた画面をめくりながらプレゼンをしているので、気分も上々でしょう。

でも、お客様にとってみれば初めての資料。

営業マンは効率よくプレゼンをしているつもりでも、お客様からすれば**「手もとに資料がほしい」**というのがホンネだったりします。

プレゼンはその場かぎりのものではありません。

したがって、基本的にはあらかじめお客様に紙の資料を渡したうえでプレゼンをしたほうが賢明です。

仮に、先に紙の資料を渡すとプレゼンの効果が望めないというような場合は、「いまタブレット端末でご覧いただいたものですが、紙にまとめてプリントアウトをしておきましたので、資料としておもちください」という具合に、プレゼンが終わった段階で紙の資料を渡すのが基本と心得ましょう。

例外的に、渡すことができない動画や視覚に訴えかける映像、さらには機密資料については、**「お渡しできない資料ですが特別に」**と事前に断りを入れることで、プレゼンの価値を高めることができます。

まずは紙の資料を充実させることを基本としたうえで、さらに付加価値をつける1つのツールとしてタブレット端末を使う――。

そうすれば、あなたの営業マンとしての価値も高まっていくことでしょう。

一生使える

13 待ち合わせ時刻の20分前には到着しておこう

ある日、お客様のところに行ったはずの部下が、青い顔をして社に戻ってきたことがありました。理由を尋ねると、約束の時間に間に合わなかったため、「○○さん、時計見てくださいよ。そういうことですから」と門前払いされたというのです。

日頃から私は、「10分前には必ずお客様のところに到着するように」と指導していましたから、当然その日も10分前には到着していたそうです。

それなのになぜ？

お客様の会社はビルの32階に受付があるのですが、9時の待ち合わせ時刻の10分前のエレベーターフロアは、ちょうど出社してきた社員の方で長蛇の列だったというのです。実際に32階のフロアに上がるまでに10分以上かかり結局、3分遅刻してしまったとのこと。

このように、とくに午前9時や10時といったアポの場合、オフィスビルに出社する社員の方がいっせいにエレベーター前で長蛇の列をつくることがあります。

さらに、その時間帯以外でも、受付の人が1人で、同じようにアポをとっている人がいっせいに受付に向かうというような場合も長蛇の列になることがあります。

せっかく時間前に着いているのに、遅刻してしまう……。

そうならないためには**「30分前」**の到着を目指しましょう。

「そんなに早く行ったら、空き時間ができてしかたない」と思う方も安心してください。

事前準備の**「見直しタイム」**にあてる、もってこいの時間だからです。

早く到着したら、お客様に対するヒアリングシートや問い合わせ内容などの見直し、あるいは商談のシミュレーションをしましょう。

そうすればあたふたとあわてることもなくなりますし、とくに夏場などは汗が引いて落ち着いた状況で商談に臨めるようになります。

実際にトップ営業は、直前の時間を使って、あらためて前回の話を回想したり、もう一度商談イメージを構築するなど、ベストなコンディションで営業に臨む努力を最後まで怠りません。

資料を準備しただけで満足したり、時間どおりに着いただけで安心しているようでは半人前。

あなたがベストな状態で最高のパフォーマンスを発揮できる環境をつくるためにも、早めの到着習慣を身につけましょう。

一生使える

14 お客様の問い合わせにはメールだけですませない

お客様からの問い合わせといえば、以前は電話が主流でしたが、最近ではホームページに掲載されているフォーマットやメールから、ということが多くなりました。

ちなみに私の会社では、「営業力を強化したい」「マネジメント力を強化したい」「コミュニケーション力を強化したい」など、お客様が求めるサービス内容ごとに問い合わせをいただくようにしています。

そして、念のため **「備考欄」** を用意しています。

問題はそこからです。

私のこれまでの経験からすると、たとえフリー記入できる「備考欄」があっても、いざ入力しようとするとセキュリティの観点でためらったり、そこには書ききれない情報があったりするために結局、何も書かない、ということがじつに多いのです。

つまり、「問い合わせフォーマットの情報」を鵜呑みにしてはいけない、ということ。

一番いいのは、電話をして確かめてみることです。

実際、私の会社でも、問い合わせフォーマットでは「営業研修の資料がほしい」という内容だったのに、電話をしてみると、「じつは営業研修が来月の○月○日に決定していて日にちも迫っているのですが、山本さんに講師をお願いできないかなと思っていまして」とまったく違う結論になるということがありました。

問い合わせフォーマットの情報を真に受けて、普通の資料請求として対応してしまっていたら、お客様のタイトなスケジュールに対応することはできなかったし、お客様の本当の要望にたどりつくまでに相当な時間を要していたでしょう。

もちろん、さまざまな理由から、「メールで連絡をくれたほうが都合がいい」と思うお客様も、なかにはいることでしょう。

そんなときの対処法としては、電話の際に必ず、**「お急ぎでおられるとのことでしたので、メールよりも電話のほうがよろしいかと思いまして」**などと、電話をする理由をお客様のメリットとからめて説明するようにしましょう。

そこまで気を配れば、まず納得してもらえるはずです。

忙しい営業マンほどメールに頼りきってしまう傾向がありますので、いま一度「メール＋電話」という、より丁寧な対応をすることで、お客様の心をしっかりとつかみましょう。

一生使える

15 不快感を与えない「身だしなみ」の基本ルール

いうまでもないことですが、身だしなみに気を使わない営業マンは、お客様から嫌われます。

以前、部下と一緒にクライアント先のモデルルームを訪問したときのことです。

彼は靴を脱いで部屋に入るなど計算外で、5本指のソックスすべての指が色違いの靴下をはいていました。お客様からは「○○さん、見かけによらず、ずいぶんド派手な靴下なんですね」と一言。おまけに、お洒落のつもりで整えたツンツンの髪型も、同席されたご年配の部長さんから「そんな髪型で営業するとは、昔は考えられなかったよ」といわれるなど、まさに踏んだり蹴ったり。

たとえ世代が違っても、人に不快感を与えない身だしなみが大事だと感じた瞬間でした。

ただし、不快感を与えない身だしなみとはいっても、自分では意外に気づきにくいもの。知らないところで損をしていることが多いので、注意が必要です。

営業に出かける前に、以下の**「身だしなみリスト」**でチェックしてみましょう。

□髪の毛が伸びすぎていないか、染ムラなど不快感のない髪型や色か
□ひげの剃り残しがないか（男性）
□青いアイシャドウや不自然なまつ毛エクステ、濃い化粧になっていないか（女性）
□ネクタイやアクセサリー類が必要以上に華美になっていないか
□スーツやシャツ（とくに襟や袖、裾）のほつれ、シワやシミ、肩のフケはないか
□スーツやシャツのボタンが外れかかっていないか
□ハンカチ、ティッシュは所持しているか
□香水が強すぎないか
□口臭に気をつけているか
□爪が長すぎないか、垢がたまっていないか、ネイルが派手すぎないか
□靴が傷ついたり汚れたりしていないか、靴底が減っていないか
□靴下に穴が開いていたり、ストッキングが伝線していないか
□服、靴下、カバン、靴の色がアンバランスでないか

これらはほんの基本です。あなたの業界やお客様に合わせて適宜バージョンアップして、好印象を与えられる営業マンを目指しましょう。

一生使える

16 名刺1つで営業マンの力量は浮き彫りになる

新人時代、お客様から「こんな失礼な名刺はいりません。あなたと取引はしませんから」と、名刺をビリビリに破られ、出入り禁止になったことがありました。

じつは、訪問途中に突然、雨に降られ、カバンの外側のポケットに入れていた名刺入れが、ずぶ濡れになってしまったのです。

当然、名刺もヨレヨレに。

当時の私は、「何もそこまでいわなくても」と思ったものですが、いまになって考えると、それは当たり前のこと。

なぜなら、名刺は自分を表しているものだからです。

実際、営業マンのなかには、しみがついていたり、角が折れていたり、さらにはヨレヨレの名刺を平気で渡す人がいます。

名刺は、まさに**「自分の分身」**。したがって、自分がお客様に差し出す名刺の状態を定期的に点検する習慣を身につけましょう。

また、営業マンとしては、**「名刺が切れている」**というのも、非常に恥ずかしいことです。

とはいえ、名刺切れはいきなりやってくるもの。「まだ少し残りがあるからいいだろう」と思っている際に、大勢の方との商談や懇親会で一気に空っぽになることもあります。

そこから大急ぎで発注しても、できあがるまでに数週間かかることもざらです。

私の場合、残り70～80枚を切った時点で新しい名刺を注文するようにしています。

なお、**「名刺交換」**をしたときにも留意点があります。

それは、名刺交換をした相手に「本日は、貴重なお時間をいただき、ありがとうございました」と、**必ずハガキかメールでメッセージを送ることです。**

できれば当日中にすませておきましょう。

「営業として、自分はまだまだだ」と私が思う瞬間は、自分が送るよりも先に、お客様からお礼のハガキやメールをいただいたときです。

そんなときは、「こちらからお礼を申し上げるべきところを先に○○様からご連絡いただき恐縮です」と必ず一言を入れて返信するようにしましょう。

以上のように、名刺1つとっても、心配りができているかどうかが明確な差となって表れるもの。

あなたの名刺を最高のコンディションにして、よきパートナーにしましょう。

一生使える

17 「ヒアリングシート」にはこれだけのメリットがある

営業マンとして「しまった！」と後悔することの1つに**「聞き逃し」**があります。

とくに新人の場合、雑談が盛り上がりを見せ、気持ちが高揚してしまっているときなど、お客様が抱えている悩みや課題、納期などの肝心なことを聞かずに帰ってくることがよくあるようです。

「ちょっとお聞きするのを忘れていたのですが……」などと電話やメールをしたりすればすむと思っていたら大間違い。「会ったときに聞いておいてくれよ」とガッカリさせてしまうどころか、場合によっては、**「ダメ営業」**の烙印を押されることまであるのです。

売れない頃の私にも、こんな経験があります。

大学の先輩から紹介されたお客様なのにもかかわらず、ヒアリング不足のため、後々に質問のやりとりが重なり、提案が遅くなってしまった。結果、「山本さんには悪いんだけど、すでに他社に決まったんです。もう少し早ければ」と大変苦い思いをしたことがあります。

つまり、ヒアリングを一度ですませるのは、営業マンの効率のためだけではなく、貴重な時間をいただく**「お客様のため」**でもあるのです。

営業マンとして、お客様へのヒアリングは極力、一度ですませるようにしましょう。

では、どうすれば聞き逃しが防げるのでしょうか？

私がおすすめしているのは、**「ヒアリングシート」**を作成することです。

業界や扱う商品によって聞くべき項目はさまざまでしょうが、短時間で、いかに信頼関係を築けるかが営業マンの腕の見せどころ。

意味もなく質問をしても、「なぜ、いまそんなことを聞くのですか？」といぶかしがられるだけです。

したがって、ヒアリングシートを作成する際には、「なぜ、この項目をヒアリングするのか？」という**「背景」**や**「理由」**も必ず押さえておきましょう。

ちなみにヒアリングシートをつくることのメリットは、聞くときだけではなく、大事な情報を伝えるときに漏れがないかどうかをチェックする機能を果たしてくれるところにもあります。

伝え忘れがないかということを同時に確認できるので、**「そんなの聞いていていない」**と後からトラブルになることも減っていくでしょう。

一生使える

18 とっさの質問を想定内にしよう

売れない頃の私は、お客様を訪問しては、**「お客様の質問にうまく答えられなかった」**と嘆くことが多かったものです。

お客様からの不意の質問にうまく切り返すことができず、その瞬間にうろたえた姿を見せることも多々ありました。

お恥ずかしい話ですが、会社に戻って調べるべき項目が3つ以上もあり、明らかに「この営業はダメだな……」と見限られたと感じることもあったほどです。

じつは、このような結末を招く理由はとてもシンプル。

事前準備なる**「段取り」**の意識がなく、「出たとこ勝負」の営業スタイルだったからです。

そうならないためには、すべての質問を**「想定内」**にしておくことが重要です。

では、商談の場面において出るであろう質問を想定内にしておくためにはどうすればいいのでしょうか？

たとえば、

●他のお客様からはどんな質問があったのか
●同じような業界や年齢、特徴のお客様はどんなところに興味をもっていたのか

というような**「質問事例集」**を作成しておくといいでしょう。

これさえつくっておけば、お客様からの質問にあわてふためくようなケースが激減することは間違いありません。

また、さらに優秀な営業マンになると、お客様から質問をいただく前に、「○○様と同じようなお悩みをおもちの企業様からは、ここでこんなご質問をいただくことがよくあります」と先回りして疑問点を解消していきます。

この域に達するには、ただ漫然と質問を受けるのではなく、つねに「お客様は何を知りたいのだろうか？」「どんなところに疑問をもつのだろうか？」「同じような業界の方の決め手はどんなところなのか？」という視点をもってお客様に臨むことです。

そうすれば、自然とお客様の気持ちや疑問に先回りして対応できるようになりますし、結果として商談がスムーズに運ぶようにもなります。

そう、「ムダのない、密度の濃い営業スタイル」を手に入れることができるのです。

ぜひ、あなたもお客様の疑問点や不安を先回りできる「頼りになる営業マン」を目指しましょう。

一生使える

19 自分の会社のことをどれくらい知っていますか?

私が20代の頃、取引目前の段階まで来ていたベンチャー企業の役員との商談に、満を持して上司に同行してもらったときの話です。

「御社はどれくらいの売上げがあるんですか?」と聞かれ、正確な数字を答えられず、代わりに上司が答えることに。それ以降、役員の方は私の上司だけを見て話すようになり、完全に私は蚊帳の外。帰り際に、上司から「山本、会社の売上げを知らないなんて営業として失格だ」とあきれられ、大変恥ずかしい思いをしたことがありました。

なかには、ドキッとした人もいるのではないでしょうか。

営業マンは仕事柄、お客様に質問することには慣れていますが、**自分の会社に向けられた質問には弱い傾向があります。**

あなたは、たとえば「経常利益は?」「従業員数は?」「グループ社数は?」「創業は何年?」「会社名の由来は?」などと聞かれたとき、すぐに答えられますか?

たとえどんなに若くても、営業マンは決裁権限者とも対等に話せなくてはいけません。

とくに経営者層は、あなたの会社の商品やサービスの話だけではなく、どんな事業が中心なのか、売上げ規模はどうなのか、景気はどうなのか、などといったマクロ的な話を好みます。

こういった話にまったくついていけないとなると、**「自社のことがわからない営業マンに、はたして任せてもいいのだろうか？」**と足もとを見られてしまいます。

目の前の目標数字だけに気をとられるのではなく、自社のみならず取り巻く業界全体について、とくに数字や歴史、市況に強い営業マンになりましょう。

もし、数字が社外秘であったり、知らされていなかったりした場合でも、できるかぎり、**「こう聞かれたら、こう回答する」**というように、会社で統一した回答を用意しておいたほうがいいでしょう。

一般的には「自社の商品やサービスを知れ」「お客様を知れ」といわれています。

でも、それだけでは一流の営業マンにはなれません。

役職が上位になるにつれ、自社の商品やサービス以外の情報についても素早く答えられる力が必要になるのです。

営業マンがネットやリアル情報からお客様を調べるように、お客様もあなたやあなたの会社について調べていることを心に刻んでおきましょう。

第2章「事前準備の基本」のエッセンス

◎ただ訪問するのではなく、お客様の貴重な時間を最大限に活かせる営業マンになりましょう。

◎「何をしに訪問するのか?」をお客様に明確に伝えることで、的を射た商談に結びつけましょう。

◎ときには他人の力を借りてでも、お客様との接点に敏感な営業マンになりましょう。

◎お客様に合わせて、「次の一手」を考えた資料を用意できるようになりましょう。

◎紙の資料を充実させることがあくまでも基本! そのうえでタブレット端末を活用しましょう。

◎訪問の直前まで事前準備は続きます。余裕をもって当日に臨みましょう。

◎「訪問前のメール+電話」でお客様の真のニーズに少しでも近づきましょう。

◎自分では気がつきにくい細かな身だしなみにまで配慮ができてこそ一人前の営業マンです。

◎気持ちよくお客様に挨拶できるよう、名刺はいつも万全な状態にしておきましょう。

◎ヒアリングシートで聞き逃しをなくし、「デキる営業」という印象を与えましょう。

◎解答事例の引き出しを増やしておくことで、不意の質問にもスマートに答えられる営業マンを目指しましょう。

◎「営業マンは会社の代表」と心得て、日頃から会社に対する知識を蓄えておきましょう。

第3章

「ぜひ、会いましょう!」といってもらえる!

——アポとりの基本

アポとりが得意になると、営業活動にみるみる自信がついてきます。

営業マンにとって、ストレスなしで行動的・積極的になれることほど嬉しいことはありません。

アポとりが得意になることは、売れ続ける営業の必須条件。

新しいお客様との出会いが楽しくなる——。

そんなアポとりの基本を伝授します。

一生使える

20 アポとり電話で話を完結させせない

営業が苦手だと感じる人のなかには、**「アポとりが苦手」**という人が少なくありません。

かくいう私自身、新人の頃は、何とか面談につなげようと電話口で長時間、粘ったものですが、皮肉なことに粘れば粘るほど無残な結果に終わる、ということを繰り返していました。

そんな私をよそに、同じ部署のK先輩は、電話をかけ始めたかと思うと、すぐにアポをとります。

時間にしてわずか5分。それなのに確実にアポがとれるのです。

いまの私ならわかります。

アポとり電話は、長々と話すのではなく、1件につき「5分以内」を目安にしたほうがいい、ということが。

お客様から質問を受けて、「お客さんが食いついてきた！」と営業マンが前のめりになって、長々と説明してしまいたくなる気持ちはよくわかります。

でも、それでは興味をもってくれたお客様を、みすみす逃してしまうことになるのです。

なぜなら、お客様は電話で詳細な説明をされればされるほど、「あっ、そうですか、よくわかりました」とわかった気になってしまうものだからです。

当然、そうなってしまうと、わざわざ営業マンに会おうという気にはならなくなりますよね。


アポとりで一番重要なのは、とにもかくにも「次につなげること」です。


つまり、電話で完結させてはいけない、ということ。

したがって、お客様から興味をもってもらえそうだという反応が得られたら、ぐっと我慢して、「電話では何ですので、詳細については、お会いさせていただいた際にご説明させていただきます」と、ちょっともったいぶるくらいでちょうどいいのです。

アポがとれたとしても、実際の成約数はさらに減ります。

だからこそ、**「アポの数を増やす」**ことを重視しましょう。

反応があったからといって必死になってその場で口説こうとせず、まずは**「この人に会ってみたい」「もっと話を聞いてみたい」**と思ってもらうことをゴールにするのです。

一生使える

21 「いま間に合っている」は本当なの？

これまで多くの営業マンを見てきて、気がついたことがあります。

それは、売れる営業ほど、電話の段階で**「お客様はどんなことに悩みを抱えているのか？」**を短い時間でヒアリングしている、ということです。

なぜ彼らがそうするかといえば、**「商品やサービスについて100％満足しているお客様はほとんどいない」**ということを知っているから。

実際、「いま間に合っています」と断るお客様でも、いま使っている他社の商品やサービスに対して、「もっとこうだったらいいのにな」と思うところはあるはずです。

つまり、90％は満足していたとしても、10％は不満を抱えているものなのです。

たとえば、ヒアリングをしているなかで、「このお客様は、契約中の商品やサービスに対して、費用対効果があまりよくないと思っている」ということがわかれば、次のようなトークを展開していくことが可能になります。

「当社もご予算の範囲でご提案をさせていただける可能性が十分ありますし、サービス自

体のお話は聞いていただいて損はないと思いますので、一度、資料をおもちしてお話をさせていただければと考えております」

このように電話で伝えておいたうえで手頃な商品やサービスなどをもっていくと、こちらに乗り換えてくれる可能性がグンと広がります。

私の経験からいっても、最初に「いまは間に合っている」といってきたお客様でも、よくよく聞いてみれば、「何か他にいい商品やサービスはないだろうか？」と探し求めているもの。

だから、たとえすでにライバル会社と取引をしているお客様であっても、ガッカリせずに、まずは悩みをヒアリングするようにしましょう。

そのうえで、悩みの解決に役立てることを伝えられさえすれば、「いまは取引しているところがある。だから、すぐに取引することは難しいが、よさそうな情報をもっていそうだし、会ってもいいか」となって、驚くほどスムーズにアポにつなげていくことができるのです。

アポとは、「お客様の満足の隙間を狙う」ことでもあります。

その隙間さえ把握できれば、後はお会いするところにつなげるだけでいいのです。

一生使える

22 アポ率を飛躍的に高める2つのキーワード

「わかりました。それなら一度お会いして、お話だけでもうかがいたいと思います」

これは、アポとりの電話で、営業マンが喉から手が出るほどほしい一言です。

では、このフレーズをお客様から引き出すためには何が必要なのでしょうか？

ズバリ、お客様に「興味」と「危機感」をもってもらうことです。

突然、電話を受けたお客様はよほどの理由がないと会ってはくれません。

だからこそ、アポとりの電話のなかで、この2つのキーワードを散りばめることが大切なのです。

人材採用支援会社の営業時代、私が技術系企業にアポとりの電話をしていたときのトークを見てみましょう。

「採用もある意味でギャンブルですから難しいですよね。ですから失敗しないためにも選択肢が多いほうが御社にとってもいいですよね。当社は、20代の営業マンの登録数が○万人で、とくにメーカー勤務の優秀な営業マンも多数います。すぐにご契約ということでは

なく一度お話を～」

驚くことに、このトークで「話だけなら聞いてもいい」と、すぐさま30社以上のアポがとれたのです。

この例でいうと、「20代の営業マン」「メーカー勤務」が興味を喚起しています。

そして、「ギャンブル」「失敗」が危機感をあおっているわけですね。

さらに、この2つにプラスして、「すぐにご契約ということではなく」という**「安心感」**があれば、なおいいでしょう。

突然、電話を受けたお客様は警戒しているもの。

そんなお客様の警戒心を解くには、まずは手短にポイントを絞って話すこと、そして興味と危機感をもってもらうことが何よりも大切です。

したがって、あなたも日頃から**「お客様が興味や危機感をもつことは何なのか？」**ということに意識を傾けましょう。

たとえば、「お客様が反応するのは同業他社の話なのか？」「価格なのか？」「選択肢を増やすことなのか？」などといったことを、お客様の言動のなかから探すのです。

そうしたプロセスをへて見つけたキーワードをトークのなかに盛り込むことができれば、アポをとれる確率は飛躍的に上がることでしょう。

一生使える

23 断られたときこそ「感謝の気持ち」を伝えよう

先日、私のところに1本の営業電話が入りました。

「御社のホームページを拝見しました。検索でさらに上位にヒットするサービスはいかがでしょうか?」

私が、「社内にも詳しい者がいますので、いまは……」とお断りをし始めるや否や、いきなり「ガチャ」と電話が切れました。

いかがでしょう? このケースのように、お客様からの断りを聞いた瞬間、声色が変わり別人のようになってしまう営業マンをたまに見かけますが、あなたは大丈夫ですか?

もしアポがとれなかったり、「いまはけっこうです」と冷たくあしらわれたとしても、態度を豹変させるようなことは厳に慎みましょう。

なぜなら、営業マンの真価は、断られた瞬間の態度に表れるからです。

また、営業マンは、会社の代表・顔でもあります。

「アポとりの電話での対応=会社の対応」になることを決して忘れてはいけません。

お客様は、営業マンの電話での対応を最後まで注目しています。

なかにはわざと態度を悪くして、きちんと対応するのかどうかを試す人もいるほど。

私にも経験があるのですが、お会いしたらそうでもないのに、電話ではとてもぶっきらぼうな態度をとるお客様もいました。

その背景には、こんな思いがあったのでしょう。

「話の内容自体には興味がある。けれども、この営業マンを本当に信用していいのかどうかがよくわからない。じゃあ、ちょっと冷たい態度をとって反応を見てみるか」

いずれにしても、お客様からの断りを受けたら、ふだん以上に丁寧な対応を心がけ、**「お時間をいただきまして、ありがとうございました」**と感謝の気持ちを伝えて、**「また何かありましたら、その際はよろしくお願いいたします」**と〝次〟につながるようにしておくことが大切です。

そしてその後、お客様が問い合わせをしてきたら、**「あのときはありがとうございました」**ときちんとお礼がいえるようにしておきましょう。

私の場合、このような対応を心がけただけで、最終的には契約にまでなったケースが数えきれないくらいあります。

お客様から断られたときの態度、くれぐれも気をつけてくださいね。

一生使える

24 アポとアポの間隔をつめすぎない

「アポを何件もとって、一気にたくさんの成約に結びつけたい」という思いから、アポとアポの間隔を空けずに、次々に予定を入れていく営業マンがいます。

これからお話しするのは、数字を意識しすぎていた頃の私の失敗体験です。

ある日のこと。午前中に新規のアポを3件入れたのはいいものの、2件目のお客様からの質問が想定以上に多く、商談が長引きました。

そして、「すみません、5分ほど遅れそうになります」と3件目のアポ先に連絡を入れたところ、「もうけっこうです。次の約束がありますので」と断られ、結局、お話しすることがかなわず、以後、二度と訪問することができないという事態に……。

このことからもわかるように、**アポとアポの間隔をつめすぎるのは絶対にNG。**

お客様の立場からすると、「遅刻する」と電話してきた営業マンに疑心暗鬼になるのは当然です。とくにそれが新規のお客様なら、なおのこと。

それだけではありません。

　そもそも終了時刻を気にしながらというのでは商談に集中できませんし、「もっと話を知りたい」と積極的にお客様が質問してきても、早く切り上げようとするあまり、消化不良に終わってしまうのがオチです。

　これは、デートの誘いに応じたのにもかかわらず、いざ会ってみたら、誘った相手のほうが「次の予定があるから」と早々に切り上げるのと同じです。

　お客様から**「数あるアポのうちの1つとしか考えていないんだろうな」**と思われてしまったら、商談は進みません。

　さらには、次のアポに気がとられている営業マンは、バタバタとして落ち着きのない印象を最後に残してしまいます。

　そう、アポとアポの間隔をつめすぎていいことなど、1つもないのです。

　アポを多く入れたいという気持ちはわかりますが、決して「ちょっと訪問先が多いけど、何とかなるだろう」などと過信しないこと。

　営業はお客様あってのものです。

　自分だけの都合でスケジュールを組むのではなく、お客様のために余裕をもって時間を使えるように調整しましょう。

一生使える

25 お客様のライバル・競合他社の動向を調べよう

これからアポをとろうとする会社のライバル・競合他社の情報をあらかじめ押さえておく――。

これは、アポとりの確率、さらには契約率を高めるうえで、とても効果的な方法です。

なぜなら、ライバル・競合他社の動きに興味がない会社はないからです。

とくにお客様の会社のライバルが積極的に動いているという情報があれば、商品やサービスとからめて案内することをおすすめします。

以前、「子会社の社長候補を募集」という魅力的な求人を出した会社が、優秀な経歴をもった人材を多数、採用することに成功したケースがありました。

私はその会社の担当者に、そのような求人が出た背景を尋ねました。

すると、「じつは、ライバル会社が同じような求人内容にして大成功したと聞き、『じゃあ、わが社でもやってみよう』となったんです」とのこと。

つまり、同業他社の取り組みを真似て同じような成果が得られたということだったのです。

その話を聞いてから、私は自分がアポをとりたいと考えている会社のライバルが成功している手法を、その会社の実情に合わせて提案するようになりました。

反応は上々。

それまでだったら見向きもされなかったような会社から、難なくアポがとれるようになったのです。

結果として、それまでと比べてアポ率が2倍以上に跳ね上がりました。

同業同士の悩みは共通していることが多いものです。

そのため、**「他社の成功事例があるということは、うちでも成功するだろう」**と考えてくれる確率が高まるというわけです。

たしかに、すぐに契約につながることは多くはないかもしれません。

でも、最終的に契約となった背景に**「ライバルがやってうまくいっているから」**という理由があるケースもけっこう多いのです。

アポ先のライバル・競合他社の動きは事前に押さえておきましょう。

一生使える

26 ときにはお客様が断りにくい状況をつくることも大切

これからお話しすることは、アポとりのちょっとした裏ワザになります。

新人の頃、ぜひ取引したいと私が熱望していた大手B住宅会社がありました。

ところが、その話を上司にすると、過去に取引があり、当時の担当営業マンがファックスの宛先を間違えて別のところに送信したため、出入り禁止の状態になっているとのこと。

B社には二度と取引をしてもらえない――。これが社内での暗黙の了解でした。

それでも、「どうしてもこの会社と取引をしたい」と考えていた私は、あることを思いつきました。

「自社の社員のなかに、B社に勤務している家族や親せきがいる人はいないものか?」と。

すると、新入社員のJ君の父親がB社で営業所長をしていると判明したのです。

私は、はやる気持ちを抑え、さっそく電話をしました。

そして、「じつは御社の○○営業所の所長さんのご子息が、弊社で働いておりまして……」

と伝えたところ、担当者の態度が一変。

「それなら一度、お会いしましょう」ということになったのです。

実際のところ、自社の社員の親族が働いている会社をムゲにすることはなかなかできないもの。

「不躾な対応をすると、話がまわりまわって、自分の評判を落としかねない」

そんな心理がお客様の心に働くのですね。

いまお伝えした方法は王道とはいえないかもしれませんが、**「アポをラクにとるには、お客様との接点を探すこと」**という視点から考えれば、理にかなっています。

お客様にとってのメリットを追求するだけではなく、**「断りにくい状況をつくる」**のもアポの確率を向上させるコツの1つなのです。

後で知ったのですが、J君の父親、じつは人事担当者の元上司。いまでも中途採用の面接官をお願いしたりと顔を合わせる機会が多いとのこと。

このように意外なところからお客様にアプローチすることで、質の高いアポにつながることもあります。

お客様が断りにくい理由を探すことも、アポ率を高めるうえで大切なことだと知っておきましょう。

一生使える

27 アポ先の過去履歴を把握しよう

営業マンとして、過去にそのお客様とどんな話をしていたのか、いつ電話をしていたのかを**「時系列」**で把握しておくことは基本中の基本です。

この基本を押さえていないとどうなるでしょう？

お客様からすると、ひたすらリストの順番どおりに事務的に電話をかけているという印象をもちますし、「その場しのぎの電話をしてきて、過去のやりとりを覚えていないのだろうか？」と不審がられます。

また、どのお客様とどんなやりとりがあったのかという情報については、単に自分だけのものにしておくのではなく、**「他の営業マンと共有しておく」**ことも大切です。

私がある会社に初めて電話をした際、「御社とは取引しないといいましたよね」と電話先で怒鳴られたことがありました。

以前、入れ替わり立ち替わりの電話攻勢で、ついに出入り禁止になっていたことを知らずに電話していたのです。結果、大クレームになり、上司を連れて謝罪に出向くことに。

過去にどのような接触をし、そのとき、どんな話をしたのか？

営業マンというのは、とかく自分１人の世界に浸りがちなのですが、会社として効率よくアポをとるためには、**「横の連携」**も必要なのです。

自分がだれに電話をしたかは把握できていても、「横の連携」については意外とできていない営業マンは多いもの。このポイントはしっかりと押さえておいてください。

いずれにしても、こうしてお客様との過去の経緯をきちんと把握しておくと、たとえば以前、電話をかけたお客様に再びアポとりの電話をする際にも、

「前回、お電話させていただいた際には、まだ必要ないとのことでございましたが、その後、いかがでしょうか？　じつは新しくご紹介させていただきたい○○がございまして、このたびお電話させていただきました」

といった具合に、過去の会話内容と今回、電話をする理由をきちんと伝えることができます。このような電話であれば、お客様も嫌な気はしませんし、「よく覚えていたな。ちょっと話を聞いてみるか」と関心を寄せてくれることも期待できるでしょう。

うまくいけば、スムーズにアポがとれる場合もあります。

お客様から信頼してもらうためにも、過去の経緯はしっかりと把握するようにしておきましょう。

一生使える
28

売れる営業ほど電話を取り次いでくれる人から好かれている

アポとりの電話で開口一番、**「社長さん、いらっしゃいますか？」**というトークで、社長の所在を聞いてくる営業マンがいます。

「どういったご用件でしょうか？」と尋ねても、「社長さんは？」の一点張りで、質問に答えようともしません。

なかには、いかにも社長の知り合いであるかのように装ったりする営業マンまでいるほどです。

これは、「社長なら決裁の権限をもっているから、素早く判断できるだろう」と考えてのことなのでしょう。

でも、「権限のない窓口など相手にしない」という姿勢は、想像以上に敵をつくることになるので注意が必要です。

私の会社でも、「さっきの営業マンから電話がかかってきたら、いないという対応でいいですね」とスタッフが聞いてくることがよくあります。

こうなると、やがてはブラックリストに載せられて、「この会社の営業マンから電話がかかってきても取り次がない」というレッテルを貼られてしまうのが自然の流れ。

にもかかわらず、それに気がつかずに何度も電話をしてしまう……。

こんなに時間のもったいないことはないですよね。

そもそも社長をはじめ、権限をもっている人というのは、ただでさえ忙しいもの。

そこを取り次いでもらうわけですから、まずは電話に出た人への態度をきちんとする必要があるのは当然です。

その点でいえば、売れる営業ほど、電話を取り次いでくれる人の自己重要感を損ねないよう、細心の注意を払っています。どんな相手であっても態度を変えません。

あなたも、まずはいきなり売り込むのではなく、**「電話に出た人をファンにするんだ」**というくらいの気持ちをもって臨みましょう。

営業で大切なのは「小さなＹＥＳ」を積み重ねることです。

取り次いでくれる人の「ＹＥＳ」をないがしろにして、決裁者に気に入ってもらえることなどありえません。

ぜひ、最初に電話に出てくれた人から好感をもってもらえるような営業マンを目指しましょう。

第3章「アポとりの基本」のエッセンス

◎アポとり電話は1件につき「5分以内」が目安。

◎お客様の満足の隙間を狙うことでアポの壁を突破しましょう。

◎トークには「興味」と「危機感」をもってもらえる言葉を盛り込みましょう。

◎断られたときでも「次」につながるような態度で臨みましょう。

◎断り方1つで、その後の展開は大きく変わります。

◎アポの「交通渋滞」に気をつけましょう。

◎お客様と営業マンとを結ぶ「ライバル情報」を見つけましょう。

◎社内のリソース（人的資源）を再点検しましょう。

◎「過去履歴」も大切な情報の一部。時系列でしっかり整理しておきましょう。

◎電話を取り次いでくれる人にこそ丁寧に対応しましょう。

第4章

お客様がみるみる話し出す!

——ヒアリング&トークの基本

じつは、正しいヒアリングができれば、営業は半分以上終わったようなものです。ムリをしなくても、自然にお客様に買ってもらえるようになるでしょう。これに最強のトークが加われば、鬼に金棒。「あなただから買いたい」とファンになってくれるお客様を増やしませんか? 一生使える「聞く・話す・伝える」基本をこの機会に身につけましょう。

一生使える

29 初対面で信頼される営業マンには理由がある

「怖い顔してた。目が笑ってなかったよ……」

以前、同行してくれた先輩からこう指摘され、大変驚いたことがあります。

私にかぎらず、多くの営業マンは「お客様に何をどう話すか?」、つまり言葉についてはに熱心に考えても、**「自分の表情」**には無頓着になりがちです。

でも、それでは決して売れる営業にはなれません。

なぜなら、お客様は営業マンの言葉だけではなく、身ぶり、手ぶり、顔つき、視線などといった言葉以外の**「非言語」**からも「信頼できる・できない」を判断しているからです。

あなたも、だれかと話をしていて、このように感じたことはありませんか?

「いいことをいっているんだけど、何となく感じがよくないなあ……」

「口ではうまいことをいってるけど、心ここにあらずって感じだなあ……」

もし、あなたがこのようにお客様に思われているとしたら、話の内容と表情や態度などを一致させる必要があります。

その際には、以下のことに気をつけましょう。

【表情・目線】

基本的には相手と目線の高さを合わせ、相手の顔をまっすぐ見る。

眉毛より上の視線は相手を見下す印象を与え、ネクタイの結び目より下の視線は「受け入れ拒否」の印象を与えるので要注意。

眉間にしわが寄っていないかどうかにも気をつける。

売れない営業に多いのが、「目が笑ってない」という状態。これではお客様は不安になるだけ。笑うときは口と目を連動させて笑う。

【声】

挨拶はワントーン高めの明るい声で。

クレーム対応などはワントーン低めの落ち着いた声で。

声の大きさ、高低、速度は場面に応じて、つねにメリハリをつける。

――コミュニケーションは言葉だけでとるものではありません。

言葉と表情や声を一致させることで、初対面から信頼される営業マンを目指しましょう。

一生使える

30 アイスブレイクが上達する3つのコツ

「営業になって何年もたつというのに、いまだにお客様との商談前のアイスブレイクが苦手だ」という人は少なくありません。

じつは、私もそうでした。着座するなり唐突に本題を切り出したために、「単刀直入ですね」とお客さまからいわれ、頭が真っ白に……などということが何度もありました。

ここで、アイスブレイクをうまくいかせる方法についてお話ししましょう。

具体的には、次の3つです。

①相手を気持ちよくさせて心を開かせる

②自分からムリに話そうとせず質問してみる

③だれもが「YES」と答える内容を話す

①でいうと、たとえば「相手をさりげなく褒める」「喜んでみせる」「お礼から入る」などといったことをすると効果的です。

「とてもおしゃれなオフィスですね」

「今日は○○さんにお会いできることをとても楽しみにしていました」

「先日はお忙しいなか、ご対応いただきましてありがとうございました！」などなど。
②は、こんな感じです。
「近くにあったラーメン屋さん、長蛇の列でしたね。いつもあんなに人気なんですか？」

「新入社員が入社するシーズンですね。今年は何人くらい入社されるご予定なんですか？」

「そういえば先日おっしゃっておられたご旅行はいかがでしたか？」などなど。
③は、明らかにだれもが「YES」と答えてしまう話を展開していくことです。
「昨日までの雨がウソみたいに今日は晴れましたね！」

「そうですね」

「もう11月ですね。今年もあと2カ月なんて信じられないですね」

「本当にそのとおりです。月日がたつのは早いですねえ」

「ところで、今年も春に社員旅行がおありなんですか？」

「そうです。今年はハワイに行くんですよ」

このように小さな「YES」を積み重ねていくと、順調に会話が進んでいき、その後の商談も進めやすくなるでしょう。

アイスブレイクが苦手な方は、ぜひこの3つのポイントを参考にしてみてください。

一生使える

31 アイスブレイクが不発に終わることも想定しておこう

先にお話ししたようなアイスブレイクをしたにもかかわらず、会話が弾まず、思うような反応が得られなかったとします。そのときに、「今日はダメかもしれない……」「この担当者とは相性が悪い……」などと思う必要はありません。

なぜなら、完璧なアイスブレイクなど存在しないからです。どんな優秀な営業マンでも、お客様とのアイスブレイクが不発に終わることもあるのです。

したがって、こんなときは、むやみに落ち込んだりせず、「他の理由があるかもしれない」とお客様の立場に立って考えてみるようにしましょう。

具体的には、

□コミュニケーションが苦手
□商談の経験が浅い
□アイスブレイクが苦手
□後に予定が入っていて雑談をしたくない

□ ムダ話が嫌い
□ 体調が優れない

などなど、営業マンには直接、関係のないことが理由なのかもしれません。

以前、ある会社で研修の打ち合わせをしていたとき、1人の担当者は笑顔だけれど1人は怒ったような表情をしていることがありました。

後日、「2人は仲がよくない」という話を聞かされ、「そういうことだったのか」と思ったものです。

いずれにしても、アイスブレイクをしたときのお客様の反応を気にしすぎて、商談に支障が出たら本末転倒です。

やるべきことをやったのにもかかわらず反応が得られないようなときは、**「そんなときもあるさ」**と前向きに捉えることも、ときには必要。

なお、アイスブレイクをしているときに、先方が話をさえぎり、本題を切り出したらどうしたらいいか？

そんなときは、アイスブレイクは早々に切り上げて、本題の話へと移っていきましょう。

アイスブレイクの役割は、スムーズに本題に入っていくための布石のようなもの。

ムリに続ける必要などないのです。

一生使える

32 「自分の公式」に当てはめて会話をしない

「20人ほど営業マンを中途採用したいんですよ」と、ある会社の人事課長から相談を受けたときの話です。

「それは景気のいい話ですね！　業績好調で、事業拡大をお考えなんですね！」

「い、いいえ……。じつは1人の営業リーダーが退職したことで、同じ部署内で退職者が続出しまして……。業績がよくないから、本当に困っています」

「……。それは失礼いたしました……」

私の頭のなかに「多数の営業マンの中途採用＝事業拡大＝業績好調」という図式ができあがって、安直な回答をしたために、かえって失礼な対応になってしまったのです。

この例からもわかるように、**営業マンはお客様の話に先入観をもってはいけません。**

勝手に自分の公式に当てはめて判断してはいけないのです。

この傾向は、営業に慣れてきた人に顕著に見られるので注意が必要です。

どういうことか？

営業に少し慣れてくると、お客様の悩みや不安、心情に触れる機会が増えます。するとと、話の途中で「あっ、これはこういう気持ちだな」という具合に、お客様のいいたいことがわかったような気になるのですね。

もちろん、会話の着地点を見極めることは大切です。

だからといって、話を最後まで聞くこともなしに結論を決めつけていると、「この営業は、こちらの気持ちを無視して決めつけてくる」「話を聞いていない」などと悪印象につながってしまいます。

以前の私のように「自分で結論を用意して、そこへ誘導するように質問することが売れる営業」と思い込んでいる営業マンは本当にたくさんいますが、それは誤解です。

結論に導くことは大切ですが、それはお客様のホンネを引き出したうえでのことです。

売れる営業を見ていると痛感するのですが、彼らは過去の決まりきった公式に頼らず、出会うお客様ごとに新しい公式を生み出しています。

あなたも、先入観に縛られた頭のなかの公式を忘れてください。

自分の考えをいったん排除して、まずはお客様の話にじっくりと耳を傾けられる営業マンになりましょう。

一生使える

33

下手な「合いの手」はお客様を不快にするだけ

「君ね、いちいち合いの手を入れてくるけど、けっこうずれてるよ」

ある日、営業に同行していた他事業部の営業マンが、こうお客様からたしなめられたことがありました。

たしかに、お客様の話にうなずいたり、リアクションをすることは大切です。

その営業マンも問題なく対応しているように見えました。

ところが、知らず知らずのうちに**「自分の価値観」**を入れて反応していたために、それに対してお客様が違和感を覚えたのです。

彼は、過去にも同じような失敗があったことを打ち明けてくれました。

「この前さあ、新潟、雪がすごく降ってね」と話し始めたお客様に、「それは大変でしたね」と返したら、「家族でスキーに出かけ、最高に楽しかった」という言葉が飛び出してきたそうです。

あるときは、「じつは、子どもが4人いましてね」と切り出したお客様に、「うわー、そんなにたくさんいると子育ても大変ですね」と顔をしかめていうと、「子どもが大好きで幸せに暮らしているのに、なんでそんなことをいうの？　失礼じゃないか」と返されたり。

自分の価値観で合いの手を入れてしまったために、お客様と盛り上がるどころか、不快な思いをさせてしまったというわけです。

これでは、せっかくの努力も水の泡ですよね。

その一方で、売れる営業ほど、お客様と非常に近い感情であることを確かめながら、慎重に合いの手を入れています。

これは無用な合いの手を入れることで、お客様と不必要に対立する事態を避けるためでもあります。


話せば話すほど、営業マンとすれ違っていく感覚をお客様が抱いてしまう……。


共感を示しているつもりが、お客様から不快感をもたれ、距離が遠のいていくようなことは、何としても避けたいですよね。

とにかく、じっくりとお客様の話を掘り下げることを優先しましょう。

お客様の感情としっかり向き合えてこそ、信頼関係は確かなものになっていくのです。

一生使える

34 これを我慢できるかどうかが成否を分ける

お客様との話の流れを無視し、自分の思っていることや、いいたいことを後先を考えずに口走る営業マンがいます。

私が車のショールームに行ったときのことです。

「あそこに停まっているシルバーの車なんですが……」

「ああ、あれねえ。ライトがタレ目で人気ないですよ（あんな車のどこがいいんだよ。何も知らないんだな）。こっちのほうが人気ありますよ」

「そうですか……」

本当はその車を目当てに行ったのですが、話をさえぎってそんな自己主張をしてくる営業マンを前にして、完全に気持ちがなえてしまいました。

その一方で、売れる営業は、自分のいいたいことは最後の最後までグッと我慢します。

なぜなら、まずはお客様の話を聞くことに全神経を傾けるからです。

たしかにお客様に自分の意思を伝えることは大切です。

でも、お客様のホンネを探ろうともせず、自分のいいたいことばかりを優先して伝えるのは考えものです。

「このお客様にはこれをいうぞ」と決めて商談に臨む営業マンがいますが、そちらにばかり気をとられて、お客様の話に上の空にならないようにしましょう。

「どうしても伝えたいことがある」というのなら、あくまでもお客様の話をじっくり聞いたうえで、さらには会話の流れに合わせて自分の話をすることです。

たとえば、先ほどの車の商談の場合、売れる営業ならこう会話していたでしょう。

「あそこに停まっているシルバーの車なんですが……」

「こちらにご興味をおもちいただき、ありがとうございます（この車のどこを気に入ってくれたのだろうか？　聞いてみよう）。この車、どこかでご覧になってお越しいただいたのでしょうか？」

お客様の興味・関心に合わせて、丁寧に話を深掘りしていますよね。

自分のいいたいことがあっても、グッとこらえて、まずは聞く側に回る——。

理屈ではわかっていても、これができていない営業マンは意外に多いもの。

強い思いがあるときこそ、冷静さを忘れないようにしましょう。

一生使える

35

会話の矢印、どこに向いていますか？

最終的に自分が気持ちよくなる**「ナルシストトーク」**をする営業マンがいます。
たとえば、こんな具合です。

お客様「この前、北海道に行ってきたんですよ」
営業マン「私も行ったことありますよ！　北海道はいいですよね！　ラベンダー畑もきれいだし、ラーメンもおいしいし、いいところです。また行きたいです！」
お客様「そうですね……。私は温泉に行ったんですけど……」
営業マン「温泉、いいですよね。やっぱり冬の北海道といえばカニ鍋ですよね」
お客様「そ、そうですね（カニアレルギーで食べられないんだよな……）」

この会話の一番の問題点は、お客様ではなく**「自分と会話している」**ことです。
会話の矢印が完全に自分に向いていますよね。

このような自己満足の会話を繰り返されたら、お客様はまず心を開かないでしょう。

大切なのは、会話の意識をお客様に向けることです。

そう、営業マンが満たすべきなのは、自分ではなく、お客様なのです。

自分が会話泥棒をしていないか？

自分だけ楽しく話して気持ちよくなっていないか？

あらためて振り返ってみましょう。

実際、売れる営業ほど、お客様を満足させることに熱心です。

その証拠に、彼らは「いかによどみなく自分が話せたか？」ということよりも、「その話に対して、どうお客様が反応したか？」ということに意識を集中させています。

とくに経験が浅いうちは、その場を切り抜けるだけで精一杯になるのも理解はできます。

でも、そうであるからこそ、「お客様を気持ちよくさせるのが営業マンの務め」だと考えてほしいのです
お客様の心を満たすのに必要なのは、上手なトークでも斬新なネタでもありません。

とにかくお客様自身の話を丁寧に引き出すこと。

そこさえ押さえておけば、きっと、お客様から**「この人なら大丈夫」**と思ってもらえることでしょう。

一生使える

36 知らない人の話が出たときは、この役割を務めよう

営業をしていると、**「自分が知らない人」**が会話のなかに出てくることがあります。

たとえば、複数の人と会話をしているときに、「えっ、そうなんですか。○○さんと知り合いなんですね」と偶然、共通の知人がいることがわかって、自分以外の営業マンとお客様や、お客様同士で話が盛り上がるといった具合です。

なかには、「自分が取り残されてしまったようで、複雑な気持ちになる」という営業マンもいることでしょう。

そんなときは、どうすれば自然と会話に溶け込めるのでしょうか？

答えは、話を促す「司会進行役」になることです。

具体的には、こんな感じです。

知らないからといって無言を貫くようなことはせず、まずは「なるほど、そうなんですか！」と聞き役に徹しながら、同意、同調をする。

次に、「それからどうなったんですか？」と適宜、あいづちを打ち、一気に話を引き出し

ていく――。

もちろん、知らない話題の時間があまりにも長くなると、商談の先行きも怪しくなってしまいます。

したがって、なるべく短時間で話に花を咲かせきったところで、**さりげなく本題に移っていきます**。

たとえば、

「いやいや、まさか共通の知人がいらっしゃったとはすごい偶然でびっくりしました！これも、当社と御社のご縁ですね（思いっきり共感）。**ところで**、本日持参いたしましたのは、先日お電話にてチラッとお話しさせていただきました△△についてでございます」

などといった具合です。

そうすれば、相手のペースに巻き込まれることなく、メリハリをつけて話をリードしていくことができます。

知らない人が会話の中心になったときにもあわてずにすむよう、タイミングを見て自分のテリトリーに引き寄せる会話力を身につけましょう。

一生使える

37 メモは「量」よりも「わかりやすさ」がカギ

私が新人だった頃、よく上司から「メモをとる習慣を身につけるように！」と厳しく指導されたものです。

そこで商談の最中に、お客様が話した内容を必死に漏らさず書こうとしたのですが、これが至難の業。

社に戻って眺めても、ぐちゃぐちゃで何を書いているか読み取れない、ということもしばしば。これではメモの意味がありません。

営業マンのメモは「量よりも質」、もっというと「わかりやすさ」が一番です。

後になって忘れないように、記録としてメモをとること自体はとても大切です。さらに、お客様に対して真剣さ（！）を見せるうえで有効な場合もあります。

けれども、メモのとりすぎには注意が必要です。

言い換えると、メモをとることが目的になってしまうとまずい、ということです。

過去の私のように、後からメモを見返してみても、何が大事なのかがわからない、などということにならないようにしましょう。

それに、そんな状況では、ゆっくりとお客様と話す余裕もないはずです。

営業として、メモをとるときの基本は、次の３つになります。

①話の重要な点や、ポイント、キーワードを書く
②数字など、忘れてしまいやすいことを書く
③納期など、絶対に守るべきことを書く

まずは、上記３点の基本を踏まえてメモをとるようにしましょう。

後は、お客様とじっくり会話をすることに集中するのみです。

ちなみに手帳に書き込むかノートに書き込むかということについては、使いやすいほうでいいと思います。

メモ欄がたくさんあるようなタイプの手帳であれば、それを利用すればいいし、シンプルな小型の手帳であれば、別のヒアリング専用ノートを用意すればいいでしょう。

大切なのは、手帳でもノートでもかまわないので、**メモを書き込むものを１つに絞っておくことです。**

加えて、年月日と、クライアント名などをしっかりと記入すること。

いずれにしても、自分が後から見てわかりやすいことを最優先にするのがポイントです。

一生使える

38 このスタンスで臨めば、お客様の「沈黙」なんて怖くない

私が売れない営業だった頃、とくに怖かったのがお客様の**「沈黙」**です。

会話が途切れてしまうことを恐れるあまり、あわててネタを探し、話を切り出すのですが、とっさに気のきいたこともいえず、脈絡のない会話になってしまう。

そして再び訪れる沈黙……。

いま思い出しても、逃げ出したくなります。

では、お客様の沈黙はどう切り抜ければいいのでしょうか？

ズバリ、「沈黙は金なり」と考える——。

これに尽きます。

実際、売れる営業ほどお客様の沈黙を大切にしているもの。

なぜなら、商談中の沈黙は、お客様が真剣に考えていることのサインであるケースが多いからです。

沈黙を怖がるのではなく、次のようにお客様の心理を想像してみましょう。

「質問事項を考えている」
「これまでの話を整理している」
「契約するかどうかを考えている」
「自分にはどれが合う商品なのかと考えている」

これらの心理を読み取れるかどうかが、売れる営業になれるかどうかの分岐点になります。

いうまでもなく、営業の舞台での主役はお客様です。

沈黙が怖いという営業マンの多くは「自分が主役」になってしまっているのです。

一方、売れる営業は、つねにお客様を主役にし、お客様の気持ちに寄り添おうとします。

沈黙はお客様にとっては考える時間であり、営業マンにとってはお客様の気持ちを知る大切な時間。

沈黙が来たら、すぐに言葉を発するのではなく、まずは、**「いま、お客様はどんな気持ちでいるのだろうか？」**と考えてみましょう。

それでも沈黙が続くようでしたら、「ご質問などありましたら、何なりとおっしゃってください」などと切り出してみましょう。

きっと目の前のお客様も安心して、次のステップに進んでくれるに違いありません。

一生使える

39 自然と「話させ上手」になれる6つの法則

「営業＝話すのが仕事」と考えている営業マンはじつに多いものです。

ところが、その考え方自体が売れない原因に直結するので注意が必要です。

なぜなら、営業の仕事は聞くことから始まる、といっても過言ではないからです。

考えてみれば、売れる営業は皆、**「話させ上手」**。とくに話が流暢なわけではありません。

では、どうすれば彼らのようになれるのか？

結論からいうと、以下の６つの法則を実践するといいでしょう。

①とにかく〝最後まで〟お客様の話を聞く
②お客様を〝知ろう〟という気持ちで興味と好奇心をもつ
③〝受け入れる〟気持ちがあることを〝あいづち〟で伝える
④自分は〝謙虚〟に。お客様には〝寛容〟な態度で
⑤自分の考えや価値観が〝すべて〟ではないことを自覚する
⑥対話のバランスは〝自分2〜3割：お客様7〜8割〟で

具体的に広告営業のケースで見てみることにしましょう。

お客様「しょせん、広告なんてそんなに効果ないから、お金もかけたくないんだよね」
営業マン「さようでございますか。どんなところでそう思われたんですか？」
お客様「前に違う会社で広告を出したら、まったく効果がなくてね」
営業マン「そんなことがおありだったんですね。今回、それでも広告をご利用になられようと思われたご理由はどんなことがおありなのでしょうか？」
お客様「他に集客の手段も見つからないし、やっぱり広告を出さないと不安だから……」
営業マン「そのお気持ち、本当によくわかります。それでは、前回の広告の内容について詳細をお聞かせいただけますでしょうか？」
お客様「わかりました」

いつの間にかお客様が話に夢中になっている──。
こんな状態をつくり出すことができるのが「話させ上手」です。
あなたも、ぜひ6つのコツを実践してみてください。「話させ上手」になれば、初対面のお客様や難しいお客様など、どんなお客様の心も開くことができるでしょう。

一生使える

40 お客様のニーズを聞きすぎない

お客様の要望をうかがっていくと、販売価格が当初よりも膨らむことがあります。

ここで肝心なのは、**「ニーズを隅々まで聞きすぎない」**ことです。

なぜなら、「実現不可能な理想像」をつくりあげてしまうからです。

あれもこれもと、お客様のニーズを聞きすぎてしまうことは一見、いいことのようにも思えます。でも、それがかえってお客様を苦しめてしまうことにもなるのです。

私が広告営業をしていたときのこと。

マンションの広告を掲載したいというお客様だったのですが、話を聞くと「このバスルームもアピールしたい、リビングの広さも、寝室のクローゼット、バルコニー、キッチンも……」とアピールしたいことだらけ。

予算の関係で、とてもすべての写真を掲載することなどできず、お客様はガッカリ。

多くのお客様は「どうしてもこれがほしい！」という気持ちになれば、多少は予算をオーバーしていても、その商品やサービスを買おうとします。

ところが、価格が予想と大きく差が開き、買えないとなるとどうなるか？

いったんその理想を夢見たことで、「それが叶わないのであれば他社で、もう少し安いところで……」となってしまうのです。

営業として肝心なのは、お客様のニーズのすべてを叶えることではありません。あくまでもお客様が抱えている現状の不満や課題などを解決するにあたって本当に必要なものを見つけ出し、それに合ったものを提案することです。

つまり、お客様のニーズを取捨選択し、優先順位づけをするのが営業マンの仕事なのです。

そのためには、「なぜ今回購入しようと思ったのか？」という原点を押さえておくことが大切。

そうすることで、「この人は、私たちのことをよく考えて提案してくれている」「高い買い物だからこそ、この人なら安心してお任せできそう」と提案を受け入れてもらいやすくなります。

お客様にとって、本当に必要なものを見つけ出し、それを共有する——。

そうすれば、多少高額にはなったとしても、お客様は納得して購入を決断してくれるのです。

一生使える

41 「謎解きトーク」でお客様を知ろう

お客様には、つねにいい情報だけを伝えたい――。

これはほとんどの営業マンの願いですが、現実にはそううまくいくものではありません。

お客様のリスクを軽減し、最大限メリットを享受してもらうためには、成功事例に加え、あらかじめ**「過去の失敗事例」**を話しておいたほうがいいこともありますよね。

ただし、単に過去の失敗事例を説明するのでは芸がありません。

では、どうすればいいのか？

そんなときに活躍するのが**「謎解きトーク」**です。

具体的には、こんな感じです。

「この広告は、なぜあまり反響がなかったと思われますか？　一方、こちらの広告はなぜかなりの反響があったと思われますか？」

ポイントは、原因を営業マンが説明するのではなく**「お客様に考えてもらう」**ところにあります。

この謎解きトークには、3つのメリットがあります。

①〝遠まわしに〟こちらの意見や主張を伝えられる
②謎解きを通して、お客様の思考の幅を広げられる
③ケーススタディをすることで、よりお客様に具体的なイメージをもってもらえる

営業マンが、何でも答えを先にいってしまうようでは、たいていの場合、「そうなんですね」とお客様が話を合わせるだけで終わってしまいます。

それでは、通り一遍のトークとなってしまって、お客様の印象にも残らないでしょう。

それが、謎解きの質問形式にすることで、お客様の印象に残りやすくなるのです。

当然、具体的なイメージをもってもらえれば、詳細についても話を進めやすくなります。

最後に1つ。

難しすぎる謎にしないことです。

いっこうに解けそうもない謎は、かえってお客様と営業マンとの距離を広げてしまいかねません。

いずれにしても、あなたの営業トークにも、ぜひ謎解きを加えてみましょう。

プロの営業マンとして、より深みのある話ができるようになること請け合いです。

一生使える

42 短時間で話を具体化させる「質問」のコツ

どうもお客様の要望やニーズがもう1つつかめない……。

そんなときには、**「質問」**によって要望やニーズを具体化していくことが必要になります。

ある金融機関の担当者が、私の会社に研修を依頼してきたときの例を見てみましょう。

「御社に女性向けの研修をお願いしたいのですが……」

「たとえば、ワークライフバランスの研修、女性リーダー育成の研修、女性営業の研修など、具体的にはどんな研修をお考えでしょうか?」

「女性営業の研修を考えています」

「それは素晴らしいですね。女性営業の研修実施に向けて、たとえば〝コミュニケーション力〟をより強化していきたいなど、何かゴールのイメージはおもちでしょうか?」

「ノウハウだけに終始せず、より営業力を強化するためのスタンスも学びたいと考えております」

「○○様のお考えに大変共感いたします。行動を強化するスタンスを身につけておくことでノウハウもより活きてきます。私どもでは、同じようなご要望をもたれた金融機関様に向けて多数、研修をさせていただいております。御社に合わせてプログラムをおつくりいたしますので、ぜひご一緒させていただけましたら幸いです」

質問を重ねることで、短時間で話を具体化していますよね。

最初の要望である「女性向けの研修」というぼやっとした話のままで会話を進めていくと、こちらも提案に向けたイメージがつかめないままにムダな時間を費やしてしまいます。

それが質問をすることで会話を深掘りしていけば、圧倒的に短い時間で効果的なヒアリングができるというわけです。

最初から、要望や考えを明確にいってくれるお客様は意外に少ないもの。

そこで、営業マンの質問力が問われるのです。

質問をする一番の意味は、お客様の話を、より具体化していくことです。

最終的なゴールイメージを共有しないまま、漠然とした話を続けるのでは営業マンとして失格です。

選択肢を交えながら質問することで、よりお客様の具体的なイメージに近づいていくことのできる営業マンになりましょう。

一生使える

43

必ず「いつまでに決められるご予定でしょうか？」と聞こう

営業マンが最も知りたいことの1つに、お客様の懐具合、つまり**「予算」**があります。

「このお客様はどの程度の予算をもっているのだろうか？」

「どれくらいならＯＫしてくださるのか？」

つい想像してしまいますよね。

ところが、お客様が「いつまでに決めるのか？」という**「購入の時期」**については、意外なほど把握できていない営業マンが多いようです。

私も新人時代に、お客様との商談を報告したとき、「それで、いつ、お客さんは決めるんだ？」と上司に聞かれ、答えられないことがありました。

誤解のないようにいっておきますが、購入の時期を確認することの目的は、お客様に対して契約の催促をすることではありません。

お客様と営業マンとのなかで、**「スケジュールを共有する」**のが目的です。

つまり、購入時期を知ることで、お客様の本気度や、営業マンが購入までにやるべきことを明確にするというわけです。

そのためにも、**「いつ頃までには決めようとお考えなのでしょうか？」**と必ず聞いておきましょう。

ここでのポイントは、**「絶対にせかさない」**ということです。

本来、お客様というのは、じっくりと考えることで、「買い物自体を楽しみたい」「納得したい」という欲求をもっているもの。

「早く買ってもらえれば、それでいい」などと安易に考えず、商品やサービスを見て、触れて、想像して、楽しんでもらう――。

そういったプロセスを提供することも、お客様に納得して購入してもらううえでは大切なのだということを知っておきましょう。

そうしないと、「私はそんなに急いでいないのに、何かとせかしてくるから担当を代えてほしい」などと、すれ違いを生むだけ。

それでは契約も遠ざかってしまいますよね。

お客様の数だけ、意思決定の方法があります。

「いつまでに？」を必ず聞き漏らさないようにしておきましょう。

一生使える

44 お客様は「安心」したがっている

私が、ある研修の依頼を受けたときの話です。

「今度の研修は終日で実施しようと思っているんですが……」

お客様は口ではそうおっしゃっているものの、何だか歯切れの悪い感じ。

そこで私は、こう話しました。

「おっしゃるように、効果を考えると1日というお時間をかけていただいたほうがよいと思います。そこは、私どももとても大切なことだと考えております」

お客様に対して**「共感」**を示すのと同時に、**「お客様の考えを強化するコメント」**を加えているわけですね。

私はこれを**「承認トーク」**と呼んでいるのですが、なぜこれが必要なのか？

それは、お客様というのは、つねに「これでいいのだろうか？　いや、もっと別の商品やサービスがあるのではないか？」と不安に思っているものだからです。

そんなとき、営業マンがお客様の考えを認めるとどうなるでしょう？

何より、お客様は安心しますよね。

そう、悩んでいるお客様の背中を押してあげるのも営業マンの大事な役目なのです。

ちなみに、この「承認トーク」のメリットはそれだけではありません。

一度承認してくれた営業マンには**「じゃあ、もっと話してみようかな」**という具合に、お客様が自ら心を開いてくれるようになるのです。

こうなれば、その後の展開がずいぶんラクになることは、あなたにも想像できますよね。

なお、冒頭の事例の場合、私はさらにこう続けました。

「人事の方が、そのようなお気持ちでおられることは、研修させていただく私たちも勇気をもらえますし、職場で働く方にしても幸せなことだと思います。同じ方向を向いて研修をさせていただけると確信しておりますので、ぜひご一緒させてください」

自分の思いを、お客様の思いと重ねて熱く伝える——。

こうすることで、お客様に対する感謝の気持ちをしっかりと伝えられますし、同時にお客様のなかでも「自分の考えを後押ししてくれる存在」という位置づけになっていきます。

まさにハッピーハッピーの関係。

ぜひ、あなたも「承認トーク」でお客様といい関係を築いてくださいね。

第4章「ヒアリング&トークの基本」のエッセンス

◎表情、視線などの「非言語コミュニケーション力」を高めましょう。
◎小さな「ＹＥＳ」を積み重ねてお客様の心を開きましょう。
◎アイスブレイクに手ごたえがないときは、サッと切り替え本題に入りましょう。
◎お客様の話に先入観をもつのはやめましょう。
◎無用な「合いの手」を打つくらいなら、話を深掘りすることに集中しましょう。
◎聞く側に回れば回るほど見えてくるものがある。自分のいいたいことは最後まで我慢！
◎自分の充足感よりも、お客様の充足感を満たしてこそ真のプロ。
◎ときには「進行役」に徹して会話をリードしていきましょう。
◎メモの目的を明確にして、時間を有効に使いましょう。
◎「沈黙」はお客様を知るチャンス。大いに歓迎しましょう。
◎「話させ上手」な営業マンになりましょう。
◎お客様のニーズを取捨選択するのも、営業の大切な仕事です。
◎「過去事例＋謎」の公式でお客様の興味をひきつけましょう。
◎つねに的を射た質問ができる「質問上手」になりましょう。
◎「購入の時期」を尋ねる習慣をもちましょう。
◎お客様を心から承認すれば、面白いほどホンネが見えてきます。

第5章

ラクに商談を組み立てられる！

――提案の基本（フレームワーク編）

どうすれば、お客様の心を動かす
魅力的な提案ができるのか？
この章では、そのための前提となる
商談の組み立て方や考え方を伝授します。
ここでお話しするフレームワークを習得することで、
あなたの提案力にさらに磨きをかけましょう。

一生使える 45

「メリットの押し売り」にご用心

車の買い替えを考え、営業マンと話をしていたときのこと。

「法人名義で考えています」と伝えると、「絶対にリースがいいですよ。経費になりますしね」と法人リースのメリットを打ち出してきました。

私としては、いろいろと調べたうえで、リースではなく購入することに決めていました。

そして、購入することを前提にあれこれ相談に乗ってほしいと思っていたのですが、その営業マンは、私の話を聞くこともなく、「いやあ、法人ならリースしかないでしょ。個人なら経費にもできないですからね」と帰る間際まで、その一点張り。

結局、その営業マンに何も言い出せずに帰ることになりました。

後日、自宅に届いた手紙にも、同じ理由でおすすめのコメントが書いてあるだけ。

そのとき、私はハッと気がつきました。

「営業マンの考えるメリットが、必ずしもお客様のメリットと一致しているとはかぎらない。ましてやお客様が望んでもいないメリットを強調したところで、お客様の心は離れていくだけではないか」と。

お客様に満足をしてもらうために、営業マンは日頃から「商品やサービスを通じて得られるメリット」を検討していることでしょう。

でも、そうして見つけたメリットが「目の前にいるお客様にとってのメリット」であるという保証はどこにもありません。

場合によっては、メリットになるどころかデメリットにさえなることも考えられるのです。

デメリットになるようなことを提案してくる営業マンから買おうと思うお客様など、いるわけがないですよね。

その意味でも、つねに**「目の前にいるお客様のメリットになっているのか？」**ということを考えたうえで提案することが大切です。

まずは目の前にいるお客様の現状を把握し、悩みや不満を知る。

そして、そのお客様の悩みや不安に合わせて、メリットを提案する――。

それができれば、お客様から見ても、より魅力的な商品やサービスに映るはずです。

結果として、売上げもグングン伸びていくことでしょう。

一生使える

46 第三者からの指摘は「新たな気づき」の宝庫

私が新人営業だった頃の話です。営業マンのスキルを個別診断するという目的で、外部のトレーナーが会社に来たことがありました。

当時、私は自分の営業に自信がなかったため、トレーナーとの営業同行をずっと後回しにしていたのですが、上司から「これは強制だから早くしろ」といわれ、渋々同行をしてもらうことに。

訪問後、トレーナーからのフィードバックはこうでした。

「お客様は迷っていたけど、山本さんは、その気持ちをわかろうともしていなかった。サービスの説明をしただけで満足しているんじゃないですか?」

「声が小さくて自信がないように見える」

などなど、私自身、まったく気がついていないことばかり。

その後、あらためて自分の営業活動を振り返ってみると、「いわれてみれば、他のお客様のときもそうだったなあ」と妙に合点がいったものです。

営業活動を他の人にチェックしてもらうことは、近視眼的になりがちな自分の営業スタイルの欠点を改善することや、逆に自分の強みを再認識するためにも大切です。

つまり、営業マンはお客様を観察するだけではなく、自分を観察する力も養わなければならないのです。

それ以降、私は他の人に営業同行してもらったら、必ず自分の営業についての感想をもらうようにしました。自分ではよくできたと思っていても、意外なところで抜けがあったり、よけいなことをいってしまっていたりなど、改善すべきところは多々あるものです。

「自分の営業を見られるなんて恥ずかしい」などと思わずに、第三者の視点からも自分の営業を振り返ってみることを習慣化してみてください。

その際、「バカにしやがって」とか「別にいいだろ」などといって、他人からの指摘に耳を貸さない、といったことのないように。

トップ営業ほど、「自分の営業方法をさらによくしよう」という前向きな気持ちで、他の人の意見を積極的に、かつ、すぐに取り入れています。

そうすれば課題が明確になって、強化するポイントがわかるのと同時に、自分の新たな長所にも出合えることをよく知っているからです。

あなたも、ぜひ積極的に他の人から感想をもらって、日々の営業を進化させましょう。

一生使える

47 商談は「60分」で組み立てよう

私が個人営業から法人営業に転属になったとき、戸惑ったことがあります。

それは、「商談の制限時間」です。

商品やサービスに興味をもってくれた。課題も共有できた。とても手ごたえがある。それなのに、時計をチラチラと見る素振りや、落ち着かない様子をする人がいると感じたからです。

個人営業の場合、話が長くなって2時間、3時間となることはよくあります。しかも、時間が長くなれば長くなるほど、心を開いていただき、それによって私への親近感や信頼度が高まり、確かな手ごたえを感じたことも数多くありました。

ところが、法人営業の場合は違います。

相手が法人の場合、「1時間単位」で商談を組み立てる必要があるのです。

とくに都市部の企業の場合、おおよそ60分を一区切りとしてスケジューリングをしていることが多いもの。

商談が1時間を超えたために話が途中になって、何度も細切れにアポをとって会うなどということでは、お互いにとって非効率です。

最悪の場合、そこで営業終了となってしまう場合さえあります。

お客様が法人の場合、たとえば午前10時のアポであれば、11時には終了するように、濃密な商談設計をしましょう。

もちろん、先にもお話ししたように（72ページ参照）、営業マン自身のスケジュール自体は余裕をもったものにしておくことが大原則。

あくまでもお客様側にとって1時間で終わるような商談設計にしておくのです。

1時間の商談を基本に組み立てておけば、その時間を超えて話ができた場合、「貴重な時間を与えていただいている」という感謝の気持ちも生まれるようになります。

ワークライフバランスが叫ばれる世の中。

以前にも増して、短い時間で成果を出す営業マンが求められるようになりました。

時間を意識しない営業マンは、やがて淘汰されます。

「60分が勝負」と考える習慣を身につけて、より密度の濃い商談をするように心がければ、いま以上にたくさんのお客様に対応できるようになるでしょう。

それは、営業マンにとっても非常に意義のあることなのです。

一生使える

48 商談は5つのステップで考えるとうまくいく

ここで、勝率を高めるための商談の流れをご紹介することにしましょう。

業種や相手の状況に応じて多少、時間の配分は変わってくるでしょうが、全体の商談時間を60分とした場合のそれぞれのステップにかかる時間の目安も記しておいたので、あわせて参考にしてみてください。

STEP① お客様の不安や不満、悩み、課題を聞く——15～20分

会話例　:「現在、どのようなご不安（課題）をおもちなのでしょうか？」

メリット:「不満のありか」を知り「お客様にとって本当に必要なニーズ」を理解できる！

STEP② しっかり聞いた後、悩みを解消する商品を提案する（結論）——15～20分

会話例　:「お話しいただいた内容を踏まえますと、こちらの商品がよろしいかと存じます」

メリット:「こちらの商品やサービスがその悩みや課題を解消できる」と自信をもって提案することができる！

STEP③　お客様に提案する理由や詳細を伝える――5～10分

会話例：「○○様にこちらの商品をご提案させていただく理由は3点ございます」

メリット：お客様が知りたいのは、自分に合うかどうか。これで納得感が増す！

STEP④　同じようなケースのお客様が得られたメリットを伝える（事例）――5～10分

会話例：実際にこちらの商品をお使いいただいたお客様から、□□な効果やメリットがあったという声をいただいております」

メリット：他のお客様の事例でさらに納得度が増す！

STEP⑤　締めくくり（再度、結論）――5～10分

「以上のような点から○○様には、こちらの商品が最適かと考えております。何かご質問などございますでしょうか？」

たったこれだけ。とてもシンプルですね。
基本的な流れを押さえておけば、あわてることなくラクに営業に臨めるようになります。いまよりももっと手ごたえを感じられるようになり、日々の営業が楽しくなりますよ。
ぜひ、あなたの営業を上記の流れに当てはめて、実際に練習してみてください。

一生使える

49 お客様は「ストーリー」に弱い

お客様に納得感をもっていただく方法の1つに、第三者の**「体験談」**や営業マン自身の**「経験」**を交えて話を進めていく、というものがあります。

たとえば、車の営業マンの場合、次のようなトークになります。

「こちらの車、私の家族も乗っております。妻が幼稚園の送り迎えにお友だちを乗せても、荷物を置くスペースが十分確保されています。それでいて駐車場に入れやすく、日常でも使い回しがいいといっています。私も休みの日は、ドライブをするのが楽しみです」

自分の実体験に触れているからこそ、ストーリーに説得力が生まれるわけです。

第三者の事例を話す場合には、「○○という悩みを抱えていたお客様がこの商品を使用されて△△になったという嬉しいお声をいただきました」と**「因果関係」**を盛り込みながら話すようにすると、より興味をもってもらえます。

さらにお客様の納得感を高めるには、**「起承転結のストーリー」**に乗せて話を進める、という方法も効果的です。

●起……悩みのきっかけは何か？「○○のことで悩んでいたから相談したい」
●承……その悩みを解消するためにどうしたか？「解決のため商品を購入した」
●転……どんなことが起きたのか？「実際に使用してみたら想像以上に成果が出た」
●結……その結果、どう思ったのか？「悩みが解決されて本当によかった」

このように起承転結を意識したストーリーを組み立てたうえで事例を伝えるようにすれば、わざわざ「この商品いいですよ！」と営業マンの主観的な言葉や表現で説得しなくてもよくなります。

もちろん、単にストーリーを伝えればいい、ということではありません。**話を聞いているときの表情など、お客様の反応を見逃さないようにしましょう。**

その点を踏まえたうえで、営業マンが抑揚をつけて楽しそうに話せば、きっとお客様も身を乗り出してくるはずです。

商品やサービスについて事務的に説明するだけでは、お客様に魅力を感じてもらうことなど、なかなかできるものではありません。

営業マンがストーリーテラーであることも、お客様にとっては1つの付加価値になるのです。

一生使える

50 お客様ばかりに「お願い」しない

トップ営業は、お客様によけいな負担をかけることのないよう、日頃から自らの行動をチェックしているものです。

ところが、多くの営業マンは、無意識のうちにお客様側に大きな負担をかけていることがあるので気をつけなければなりません。

以前、私の取引先企業の方が転職相談に訪れ、同僚が担当することになったときの話です。私にも挨拶したいといわれたので、カウンセリングに同席しました。

すると開口一番、「他で応募している企業の結果や、進捗状況を教えろと私に要求してくるが、先日応募した結果も知らせてこないし、その後、求人も紹介してくれないじゃないか！」と同僚に苦言を呈したのです。

この同僚のようにお客様に一方的に情報を要求をするだけで、お客様が満足するアウトプットをしない、というのでは当然、クレームにつながります。

とはいえ、「効率化」を旗印に、「まずは自分が情報を知りたい」などといって、お客様にばかり負担をかけてしまう営業マンは少なくありません。

さらには、必要送付書類のリストを送る際に、こちらの都合で「早急に送り返してください」と要求しているのに返信用封筒を同封していないなど、ただ一方的に営業サイドの都合を押しつけている営業マンの話もよく耳にします。これなども、お客様に負担をかけている行為そのものです。

当然のことですが、お客様に負担をかけてばかりいるようでは、購買意欲にも悪影響を与えます。

「この人は、自分がラクをすることばかり考えている営業マン」というレッテルを貼られてしまうのですね。

そうなると、「いい加減で、対応が悪い」と信用もガタ落ちです。

効率を求めていたはずなのに非効率に終わってしまうという、皮肉な結果を招くことになるでしょう。

お客様に快くお願いを聞き入れてもらうためには、ふだんからの丁寧な関係づくりがモノをいいます。

そのうえで、**「負担になりすぎていないか？」**とつねに気配りをすることで、初めて末永くおつき合いしてもらうことが可能になるのです。

一生使える

51 勝負はこの視点の有無で決まる

「一生懸命説明してくれて、あなたのいいたいことはよくわかった。だけど、契約はご遠慮します」といわれて、契約のサインを見送られた経験があります。

そのときの私に決定的に欠けていた視点は何でしょうか？

営業は「説得力」ではなく「納得感」をもって買ってもらう——。

いま思えば、この視点が当時の私にはなかったのです。

お客様に、どれだけ納得感をもたせることができるか？

売れる営業ほど、これを第一に考えて商談しています。

過去の私は、「いかにお客様を説得するか？」ということしか考えていませんでした。

でも、そのような「説得営業」を続けていると、仮に契約できたとしても、「あのときは、熱心に説得されたから買ったけど、いま考えるといらないわ」と後になって返品やクレームなどが増えていくだけ。

お客様は営業マンから説得されて買いたいとは思っていません。

どこかで**「最後は自分で選び、決めたい」**と思っています。

では、営業における「納得感」とは、具体的にはどういうことなのでしょう？

それは、お客様が「自分にとって必要だ」ということに自ら気づき、「これを機にさらに成長したい」と未来に希望をもつことです。

それでこそ、商品やサービスの購入に迷いがなくなるのです。

「なるほど」「そうなんですね」などといった「新たな気づき」をいくつ提供できるか？

ここに勝負がかかっています。

過去の私のような「説得営業」は、お客様に納得感をもたせる手間を省こうとする、横着な手抜き営業そのもの。

説き伏せることでは、お客様を幸せになどできません。

「〇〇という理由があるから、この商品やサービスがほしい」と納得してもらってこそ、お客様自身も後悔なく幸せになれるし、あなた自身も幸せな気持ちになれるのです。

ぜひ、あなたにはお客様に納得してもらったうえで購入を決めてもらえる営業マンになってほしいと思います。

一生使える

52 その商品やサービスで本当にお客様は幸せになれますか?

お客様がいきなり、「この商品を買いたい」といってきた……。

そんなとき、売れる営業ほど、すぐには売ろうとしません。なぜなら、「その商品で本当にお客様が幸せになれるのか?」という確証が得られていないからです。

その一方で、売れない営業ほど、「『買いたい』っていっているんだから、その場で売ればいいや」と考えがちです。

でも、そんなことでは「やっぱりやめます」「お金を返してください」というようなケースが増加の一途をたどるだけ。

つまり、営業マンの役割とは、**「お客様がほしいもの」**と**「お客様が幸せになるもの」**のギャップを一番先に発見するところにあるのです。

「少し高くても、こちらのほうがお客様に合っています」「少し安くても、お客様にはこちらが合っています」とお客様に合った提案ができるかどうか?

これが売れる営業になれるかどうかのターニングポイント。

いわれたとおりに商品やサービスを提供するだけでは、営業として価値はありません。たとえ「これがほしい」といわれても、そのまま売るのではなく、必ずお客様に役立つ情報を伝えることが大切なのです。

私は、これを**「ディープセールス」**と呼んでいるのですが、ポイントは「お客様の幸せのために、早く、浅く売るのではなく、時間をかけてでも、深く売ることを考える」ところにあります。

たしかに、お客様が「買いたい」といってくれているのに断りを入れるのは、大変勇気がいることでしょう。

でも、ここでお客様のために自信をもって提案することも、「また、あなたから買いたい」といってもらえる原動力になるのです。

お客様の要望や願望を鵜呑みにするのではなく、本当の意味でお客様の幸せになることを考える――。

それこそが「ディープセールス」の真の姿であり、それさえできればお客様と末永くつき合っていくことも可能になります。

難しく考える必要はありません。あなたも、身近な人には親切にしますよね。

それを営業の場でも実践するだけの話なのです。

一生使える

53

「納期」は余裕をもって設定しよう

私がまだ営業経験が浅かった頃の失敗談です。

「提案書はいつまでに出してもらえますか？」とお客様から尋ねられ、「はい、明日にはお出しできます！」と威勢よく答えたことがありました。

ところが、実際にお客様に提出できたのは、なんと約束の期日から2日後。提案書の作成に手間どっただけではなく、上司への確認を計算に入れていなかったのです。

お客様の気持ちが明らかにトーンダウンしていくのが手にとるようにわかりました。

このときの私に足りなかったものは**「余裕をもった納期設定」**です。

営業マンなら、過去の私のように「少しでも早くお客様に届けたい！」という気持ちを当然もつことでしょう。でも、自分で設けた期日に遅れては本末転倒ですよね。

したがって、こんなときは**「自分の予想＋3日＝お客様への納期」**と考えましょう。

余裕をもった納期設定にしたうえで、約束の期日よりも「前倒し」で提出したほうが、はるかにお客様からの信頼も得られます。

もちろん、ときには資料作成や社内の稟議、決裁などで予想以上に時間がかかる場合もあるでしょう。

そんなときは、約束の当日を待たずに、早めに以下のような**「途中経過」**の報告を入れましょう。

「明後日、お送りする予定の資料でございますが現在、社内の稟議中でございます。年末年始をはさみ、かなり混み合っており、大変恐縮でございますが、稟議が下りしだい、早急にお送りさせていただきますので、何とぞご了承くださいませ」

このような事前連絡を入れておくだけで、お客様の心証もずいぶん変わるものです。

最後にもう1つ、幅をもたせた納期設定のしかたをご紹介しておきましょう。

それは、「△△日（頃）前後にはお送りできるかと存じます」というものです。

期日がはっきりしないという点で、あまりおすすめできる方法ではありませんが、不確定な要素が多い場合は、このように幅をもたせておくことも必要です。

いずれにしても、大切なのは納期を守ることです。

「予想よりも仕事が早い営業マン」とお客様からの信頼が得られるよう、余裕をもった納期設定を心がけましょう。

第5章「提案の基本（フレームワーク編）」のエッセンス

◎「営業マンの考えるメリット＝お客様のメリット」とはかぎりません。
◎「第三者の評価」を取り入れて自分の営業をバージョンアップしましょう。
◎時間に振り回されるのではなく、時間を味方につける営業マンになりましょう。
◎勝率を高める「商談の流れ」を身につけましょう。
◎お客様の心を動かす「物語」を豊富に取り揃えておきましょう。
◎お客様に「負担」ばかりかける営業マンから卒業しましょう。
◎お客様に「自分で選んだ」と感じさせることが何よりも大切。
◎時間をかけてでも、深く売ることを考えましょう。
◎納期の前倒しで「小さなサプライズ」を演出しましょう。

第6章

お客様が思わず「その気」になる！

――提案の基本（会話編）

第5章では、提案をするにあたって、
まず知っておいてほしいフレームワークについてお話ししました。
この章では、実際の「会話」そのものにフォーカスして、
確実に結果を出せる実践トーク術をご紹介します。
ぜひ、ここでお話しする会話の基本を自分のものにして、
お客様の心をつかむ提案ができるようになりましょう。

一生使える

54 まずは「あなたの話はわかりやすいね」といわれることを目指そう

「山本の話は、何がキモなのかが、わかりにくいんだよね」と、お客様との商談に同席していた上司からいわれたことがありました。

「自分なりに熱く語ったのに……」というのが、正直な気持ち。徹夜までしてつくった資料も水の泡かと、かなりへこみました。

私のような失敗をしないためには、**最初に「いまから何の話をするのか?」と話の「全体像」や「ポイント」「結論」などを明確に伝えておくこと。**

これが、「この人の話はわかりやすい」といってもらうコツです。

そうすることで、自然とお客様サイドに**「営業マンの話を聞く心がまえ」**ができます。

実際のところ、これがあるのとないのとでは、営業マンの話を理解するのにかかる時間がずいぶん変わってきます。

また、「伝え上手」になるためには、「自分がいいたいことを伝えればＯＫ」というのではなく、「話は相手に伝わってこそ」とお客様の存在を最重要視することが大前提です。

そうすれば自然と、以下の3つの観点で伝えることができるようになります。

①知識のない相手にもわかりやすく伝えるためにはどうすればいいのか？
②相手が知りたがっていることは何なのか？
③相手にとって本当に必要なものは何なのか？

そして、さらに以下の5つの点を心がければ、見違えるほど話が伝わりやすくなります。

①つねに相手の立場や理解度を意識する
②専門用語などは避け、短いセンテンスでシンプルにわかりやすく話す
③具体的な過去の「数値やデータ」「アンケート結果」などを使う
④「たとえば～」などと、相手の反応を見ながらわかりやすい表現や話に言い換える
⑤商品知識をつけて、相手に合ったものを引き出せる準備をする

これは営業にかぎった話ではありませんが、お客様に一番嫌われるのは、**「先の見えないダラダラした話し方」**です。

どんなにいい内容の話であっても、お客様に伝わらなければ意味はありません。

ぜひ、先にお伝えしたポイントをしっかりと押さえることで、「あなたの話はわかりやすい」といわれるような営業マンになってください。

一生使える

55 商談をスムーズに運ぶためにしておくこと

「できるだけ自然な会話から商談に入りたい」

こう思っている営業マンは多いことでしょう。

たしかに、スマートな営業マンという印象を与えることができるでしょうし、お客様にしても堅苦しさを感じないので、親近感が湧くかもしれません。

ところが、なかには本題に入れず、話が脱線したまま30分以上、商談と関係のない話をしてタイムアウトになってしまう営業マンがいます。

では、具体的にはどうすればいいのでしょう？

商談をする際には、次の３つを押さえて話を進めることがポイントになります。

そうすることで、多少、話が外れても、戻すべき話を共有できているので、互いに本質から外れないで商談を進めることができるでしょう。

①「一番伝えたいことは何なのか？」を明確にする

「今日は○○について話します」

「なぜこの話が大切かというと～」

営業マンが「今日、この話をお客様にする理由」について明確に説明します。

②だれが聞いてもわかるような表現を使い、シンプルに話す

「以上のようなことから○○が大切だと考えております」

過去の事例や数字のデータなど客観的な説得材料を紹介しながら、プレゼンの最後を締めくくります。

③話の組立を工夫する

「今日は○○について、私が大切だと思うことを3つお話しさせていただきます」

「1つめは△△、2つめは□□、3つめは××です」

とにかく相手に伝わりやすくなるように話を組み立ててみましょう。

以上の点を押さえておけば、話に節目ができて、スムーズにお客様をリードしていくことができるようになります。

お客様からの信頼感も自然と上がっていくことでしょう。

一生使える

56 提案の最中にお客様から質問されたら答えるべき?

「ちょっといいですか。さっきの話なんですけど」

私が新人の頃、商談の最中に、説明をさえぎって質問をしてくるお客様がいました。

私は、「それにつきましては、後ほどお答えさせていただきます」と返事をしました。

はたして、これは正しい対応でしょうか?

答えは、「NO」です。

たとえ自分が話している最中であったとしても、お客様からの質問には必ずその場でお答えするのが基本です。

なぜなら、そうしないとお客様はもやもやしたままで、商談に集中できないからです。

実際、このことが理解できていなかったため、私は何度も失敗したことがあります。

過去の私のように、「自分の組み立てた商談のペースを乱されたら困る」と考えるあまり、「いまは質問するな」といわんばかりに、どんどん話を進めようとする営業マンがいます。

でも、そんなときこそ、「お客様の立場」を考えてみましょう。

お客様にしてみれば、営業マンの話を中断させるほど気になってしかたがない、どうしても聞いておきたい、ということがあるのです。

その思いに答えられずして、はたして営業マンといえるでしょうか？

売れる営業ほど、「ちょうどそのお話を、いましようと思っていたところです！　グッドタイミングです」とお客様の気持ちに優しく応じる余裕をもっています。

そして、質問に答えた後は、**「それでは説明を続けさせていただきますね」**と断りを入れて、あらためてお客様と波長を合わせてから話を続けています。

そうすると、どうなるのか？

「この営業マンは、私の悩みを優先して考えてくれる人だ」という具合に、不安が和らいでいくのです。

こうなれば、その後の説明も、安心して聞いてもらうことができますよね。

自分が決めてきた順番で話そうとかたくなになるのではなく、目の前のお客様の疑問を解消することに全力を注ぎましょう。

そうすれば、「いったいお客様は何を気にしているのか？」ということも自然と見えてきます。そのうえで、ひととおり説明がすんだ後に、**「他にご質問はございませんでしょうか？」**と聞くことで、より丁寧な印象をお客様からもってもらえるでしょう。

一生使える

57 「自社の弱み」を指摘されたらこう返そう

「御社は、B社よりも高いですよね」

このように、お客様から他社と比較されたりしたら、どう答えればいいでしょうか？

答えは、**「大変貴重なご意見をいただき、ありがとうございます」**と、まずは指摘された内容について真摯に受け止めることです。

弱みのない完璧な商品やサービスはありません。

自社の弱みを指摘されると、ついお客様に批判されていると勘違いし、委縮してしまう営業マンがいます。

こうなってしまうと、大事な説明をはしょったり、「もう、このお客さんは買わないな」と勝手にあきらめてしまうことにもなるので要注意です。

「ご指摘いただいた点、改善できるよう努めてまいります」

「社に戻って、必ず次善の策を考えてまいります」

と丁重に、その意見を取り入れる姿勢を伝えましょう。

それともう1つ。

自社の弱みを、いきなり他のお客様の例を使ってカバーしようとするのもNGです。

たとえば、「たしかに高いのですが、それでも買ってくださっているお客様がいらっしゃいます」という具合に、単に他のお客様が買ってくれたことを強調するような対応です。

これは一見、悪くない対応に思えるかもしれませんが、これでは「何だ？　せっかく伝えているのに、この営業マンは人の話を聞いていないのか？」などとお客様と対立してしまうことにもなりかねません。


弱みを指摘されら、まずは真摯に受け止める——。


これがあくまでも基本です。

もちろん、ただ受け止めるだけで終わってはいけません。勝負はここから始まります。

「そうですね。私も安くはないと思っています。なぜ、高い価格でもご契約いただいているお客様がいらっしゃるかと申し上げますと〜」と**「YES+AND話法」**で前向きに話を進めていきましょう。

弱みを指摘されたら、まずは真摯に受け止めて理解を示し、それでも購入してもらえた理由とは何か、と冷静に伝えることも、売れる営業になるためには欠かせないことなのです。

一生使える

58 「誠実（まじめ）さ」と「陰気臭さ」の違いとは？

「あなたと一緒にいると、暗くなる」

以前、ある税理士さんが、顧問先の経営者からいわれた一言。

じつは、何件か同じことが続いて、すべて顧問契約を解除されたというのです。

ちなみにその方は、税理士試験に2年で合格。他にも社会保険労務士の資格を取得するなど、向学心もあり、知識も豊富で大変優秀な方です。

彼の話からは、誠実を絵に描いたような仕事ぶりがうかがえます。

もっている知識を総動員し、相手よりも先回りして、すぐに情報提供をするなど、抜かりがありません。

では、なぜそんな彼が、お客様から「暗くなる」といわれたのでしょう？

じつは、彼の話の9割以上が**「こうすると最悪の結末になる」「こうしないといけない」**といった感じで、ネガティブなものばかりだったのです。

たとえば、「今度××の法改正がありまして、このまま社内規程を放置していたら倒産の憂き目にあってもしかたがありません」「いまのままだと、社員全員が辞めても不思議ではありません」などというような伝え方をつねにしていたとのこと。

たしかに、場合によってはお客様に「危機感」をもっていただくことも大切です。

でも、そういう話ばかりでは、お客様も気が滅入ってしまいます。

とくに経営者や幹部など上層部の方は明るい話題を好むもの。

したがって、あなたが何かを提案しようというときには、その内容が**「お客様の明るい未来にどうつながるのか？」**と考えてみてほしいのです。

先の例にしても、次のように伝えるとどうでしょうか？

「法改正に備えて、この際、他の点も点検しながら万全の社内規程に変えれば一挙両得ですよね！」「〜を変えると、社員の方もよりやりがいをもって働くことができるでしょう！」

これなら、「新たなことを始めてみよう！」とお客様の心も弾み、明るい未来に向かって動き出せそうですよね。

伝え方1つで、お客様が受け取る印象はずいぶん変わります。

ネガティブな情報であったとしても、前向きな印象に変わるように伝え方を工夫していく——。

とても大切なことなので、しっかりと胸に刻んでおいてくださいね。

一生使える

59 「ライバル他社の悪口」は百害あって一利なし

「以前、A社（ライバル会社）の商品を使ったんだけどね。思うように成果が出なくてね」

お客様から同業他社の不平や不満を聞かされると、「よし来たっ」とついつい必要以上に共感してしまう営業マンがいます。

「わかりますよ、その気持ち！　A社はとんでもない会社ですよね」

「じつは、めちゃくちゃ評判が悪い会社ですよ！　ネットでも叩かれているのをご存じですか？」

などと得意気に話す営業マンさえいる始末。

ところが、お客様とわかり合える「チャンス」と思えたこの対応が、じつは営業マン自身の首を絞めてしまうことになるのです。

その一番の理由は、お客様の「有能感」を下げることになるからです。

言い換えるなら、お客様が過去に契約した、あるいは契約するかどうか迷っている会社の商品やサービスをけなすことは、お客様の失敗を追認する行為でもあるからです。

「わかりますよ、その気持ち」という言葉は一見、共感しているようにも思えます。

でも、勘のいいお客様なら、遅かれ早かれ、「他の会社の悪口を平気でいう営業マンなら、他のお客の前でも、自分のことを悪くいっても不思議ではない」などと察するでしょう。

目の前のお客様を大切にするということは、他のだれかを傷つけることではありません。

ましてや他社の悪口をいっているようでは結局、その場の雰囲気も気持ちも暗くなり、後味の悪いものになるだけです。

ライバルに勝つには、ライバルのよさを認め、さらにそれを上回る自社の強みをいえるようになることが必要です。

たとえば、先ほどのような場面では、

「A社さん（ライバル会社）も素晴らしい商品をおもちですが、△△様（お客様）の状況をおうかがいしておりますと、弊社の〇〇という商品のほうがより課題を解決していただけるのではないかと考えております！」

というように、他社のことは爽やかにかわし、自信をもって自社の強みを伝えるようにしましょう。

そうすることで、おのずとお客様の有能感が高まり、気持ちよく購入へとステップを進めてくれるようにもなるのです。

一生使える

60 お客様からのムリ難題には、この姿勢で臨もう

「それはムリです！」

たとえば値引きの要求など、お客様からの難題に、こう答えてしまう営業マンがいます。

どうやら、そんな営業マンは、「上司に叱られたくない」という思いや、「面倒くさいことは避けたい」という気持ちから、そのような対応をしてしまうようです。

でも、あからさまな拒否や否定は、お客様の自尊心を傷つけるだけ。

どうしても難しい場合は、「誠に恐れ入りますが、これ以上のお値引きは難しゅうございます」などと冒頭に**「クッション言葉」**をつけ加えるようにしましょう。

それでも納得しなければ、「社に戻り上司と相談させていただきます」ともち帰ったうえで、あらためて難しい旨を伝えるのも1つの方法です。そうすることで、お客様に心の準備をしてもらうことができますし、こちらがお客様を配慮していることも伝わります。

また、ときには**「要求を受け入れると、お客様にとってどういう不利益が生じるのか？」**ということを説明したほうがいい場面もあるでしょう。

以前、転職支援の仕事をしていたとき、転職希望者の方が「○日までには入社の返事をします」と約束をしていたのにもかかわらず、期日の3日前になって「あと2週間待ってほしい」といってきたことがありました。それに対する私の返答は、次のようなもの。

「迷われる気持ちはよくわかります。一方で、○○様（お客様）に対する企業様からの印象が悪くならないようにと考えておりますので、お約束の○日までにお返事をちょうだいしたいと存じます」

このように、お客様からのムリな要求には、デメリットが発生してしまう可能性があることを伝えるのも、営業マンの大切な役目なのです。

他には、「こちらなら可能です」と**「代替案」**を出すことで納得してもらえる場合もあります。あるいは、**「限定条件」**をつけたうえで、譲歩できるところは譲歩してみるのもいいでしょう。

「○○まででしたら可能でございます。ただし、今回にかぎりということで～」

いずれにしても、断るときの態度で**「好かれる営業マンになるか、そうでないか」**が決まることもあります。

どうせ同じ苦労をするなら、「ここまでしてもらったんだからしかたがないか」「精一杯してくれたのに申しわけないいな」と思ってもらえるような営業マンになりましょう。

一生使える

61 商談が長引いたときの切り上げ方

私が営業マネジャーをしていた頃のこと。

営業に出たきり、なかなか帰ってこない部下がいました。

携帯に何度電話しても、つながりません。やっとつながったかと思えば、「いやぁ、いままで商談中でした」とのこと。よくよく話を聞いていると、お客様の話を切り上げるタイミングがなかなか見つからなかったというのです。

営業マンなら、このような経験の1つや2つはあることでしょう。

私にも同じような失敗経験があります。

駅からかなり遠いお客様を訪問し、商談を終えた頃には夜も遅くなっていて、バスもなくなり、タクシーもつかまらない。しかも、電波の状況が悪く、会社に連絡すらできない。「事件にでも巻き込まれたのではないか？」と上司をひどく心配させたことがあります。

このときは、次のアポがなかったのが不幸中の幸いでした。

もし、次のアポでもあったら、それこそ大変です。地方では、電車の本数も少ないため、発車時刻に乗り遅れると、次の電車まで1時間待つこともあるでしょう。

「できるかぎりお客様と長い時間をともにしたい」

そう考える気持ちはわかります。

でも、営業マンである以上、次のアポや帰社時刻も気にしなければなりませんよね。

では、そのような状況下でお客様に嫌な思いをさせずに話を切り上げるにはどうすればいいのでしょう？

それは、「転換のあいづち」です。

たとえば、お客様の話が延々と続きそうな場合には、話が一区切りしたところで、このように使いましょう。

「いろいろとお話を聞かせていただき、ありがとうございます。**それでは**（転換のあいづち）、いただきました内容を踏まえまして、こちらの商品であれば○○様のお悩みを解消していただけると考えております」

ポイントは、まずはお客様がいろいろと話してくれたことに**「感謝の気持ち」**を伝えて、**「それでは」**と転換するところにあります。

ちょっとしたことですが、意外なほど効果があるので、あなたもお客様の話が長引きそうになったときには、ぜひ使ってみてください。

一生使える

62 大事なことは「復唱」で締めくくろう

私が営業になったばかりのある日、クライアントにお願いしていた資料を受け取ろうと訪問したときのことです。

「えーっ、その資料、今日までだったっけ？　いまから会議だから明日以降にしてくれるかな」

とお客様からいわれたことがありました。

ここで、「今日っておっしゃったじゃないですか！　どうしてちゃんと覚えていてくださらないのですか！」などと、お客様を責めたりしてはいけません。

そんなことをしても、お客様との関係を悪くするだけですからね。

問題にすべきなのは、なぜお客様が約束を守ってくれなかったのかということ。

そのときの私は、電話でひととおり必要書類について説明してから、ただ「失礼します」といって電話を切っていました。

これでは、忘れられてしまってもしかたがありません。

では、このような失敗を防ぐためにはどうすればいいのか？

それは、「復唱する」ことです。

「一度いったからわかるだろう」と思い込むのではなく、大事なことは念押しして、必ず再度、声に出して「復唱」しましょう。

たとえば、アポの日程や納期など、自分では伝えたつもりなのにお客様は覚えていなかったということなど、プロの営業マンとして命取りになります。

そうならないようにするためにも、どんなときでも「念には念を」の精神で、必ず日時や内容の確認をするようにしましょう。

具体的には、「それでは○○の件、××日までによろしくお願いいたします」と商談や電話の最後に復唱するのです。

実際、売れる営業ほど、最後に復唱をして大事なことを再確認しているもの。

「さっきいったのに、また同じことをいうなんて、くどくないか？」と思う営業マンがいるかもしれませんが、そんなことはありません。

そういう行き違いがあって最終的に迷惑をこうむるのは、お客様なのです。

漏れがないかどうか、最後は営業マンがしっかり声に出して復唱する——。

これは、絶対に欠かしてはならないことなのです。

第6章「提案の基本（会話編）」のエッセンス

◎どんなにいい内容の話も、伝わらなければ意味がありません。
◎「節目」のある話し方で、お客様をリードしましょう。
◎お客様の質問には、どんなときでも最優先で答えましょう。
◎自社の弱みを指摘されたら、まずは真摯に受け止めるのが鉄則です。
◎お客様が未来に希望をもてるトークかどうかをセルフチェックしましょう。
◎「ライバルとは切磋琢磨する」という一段上の気持ちで臨みましょう。
◎ムリな要求にも工夫と知恵で乗り越えられる営業マンになりましょう。
◎さりげなく話題を変えられる「転換のあいづち」を活用しましょう。
◎「復唱」で行き違いゼロの営業を目指しましょう。

第7章

驚くほど決まる、買ってもらえる！

——クロージングの基本

契約を焦るあまりに、「この営業マンは売りたいだけ」と
お客様に思われてしまう……。
そんな残念な営業マンにならないために、
クロージングの基本思考＆行動を体系的にまとめてみました。
ラクにクロージングの壁を乗り越える習慣を身につけるだけで、
間違いなく、毎日の営業も楽しくなります。

一生使える

63 売れる営業ほど「クロージング」には頼らない

お客様の悩みや不安を聞き出し、それに対する解決策も提案した。

さあ、後はクロージングあるのみ——。

といいたいところですが、ちょっと待ってください。

驚くかもしれませんが、じつは売れる営業ほどクロージングに力を注ぎません。

なぜなら、「お客さまの気持ちは、クロージングの前に9割決まっている」ことを知っているからです。

逆に、クロージングに必死になる営業マン、すなわち売れない営業ほど、「一生懸命に営業しているのに、どうして買ってくれないのか?」と嘆きます。

かつて、売れない頃の私もまったく同じ。自分の自信のなさをクロージングに力を注ぐことでリカバリーしようと必死でした。

しかし、結果は惨敗続き。

それが、あるときからクロージングの前段階で全力を尽くす営業法にチェンジしたところ、グングン売上げが伸びていくことに。

そう、営業マンが力を注ぐべきなのは、あくまでもクロージングの前段階なのです。

クロージングに頼らなくていいということは、ストレスなく営業を楽しむことにもつながります。

つまり、クロージングに頼らない営業とは、営業マンとお客様の双方がハッピーになれる唯一の方法だといっても過言ではないのです。

あなたは、営業マンから強引なクロージングをされてまで買いたいと思いますか？ きっと多くの人が「ＮＯ」と答えるでしょう。

あなたも、お客様に１点の曇りもない晴れやかな気持ちで、「自分で選んだ」と思ってもらえるような商談を目指しましょう。

クロージングの前段階でお客様の納得を引き出していれば、ムリに説得する必要などなくなります。それどころか、お客様のほうから**「ぜひ購入したい」**とまでいってくれるようになるのです。

そうすれば、あなたは「その他大勢」から抜け出し、また一歩トップ営業に近づいていることでしょう。

一生使える

64 お客様の「検討します」に強い営業マンになろう

以前、ある会社から内定が出たのに、入社を迷っているお客様がいました。

そこで採用先の担当者が、電話で何時間も入社するよう促したところ、ようやく「入社します」と答えたのですが、電話を終えた数分後、「やっぱり行きません」と1本のメール。

結局、そのメールを最後に音信不通になってしまったことがありました。

営業マンが強く押すと、**「はっきりとは断れない」**という心理から、ときにお客様はその場でOKをしてしまうことがあります。

とくに対面の場合、その傾向が強いといえます。

お客様の**「検討します」**という言葉にアレルギー反応を示す営業マンほど、お客様に決断を迫るものですが、それではキャンセルになる確率を高めるだけ。

検討中のお客様こそ、営業マンの腕の見せどころなのです。

実際、売れる営業ほど、お客様を追い込むようなことはしません。

ただし、必ずしておきたいことがあります。

それは、「よろしければ迷っておられる理由を差し支えない範囲でお教えいただけませんでしょうか？」という具合に、**迷っている理由を丁寧に聞き、共有しておくこと。**

そこで、たとえば「他社にしようかと迷っている」などとホンネを聞くことができれば、「大切なお買い物ですから、そのお気持ちはよくわかります。たとえば、どんな点で迷っておられますか？」と共感しながら、さらに話を深掘りしていきましょう。

そうしておけば、何に迷っていて、どうなれば決断してもらえるのかが明確になりますから、その後の返事ももらいやすくなります。

売れない営業は、「買うか、買わないか」の2つの層しかなく、**「買うかもしれない」**というグレーの層をもちたがりませんが、それはじつにもったいないことです。

私の経験からいっても、商談から数カ月後に「契約したい」といってきてくれるお客様は多いもの。しかも、普通のお客様より金額が大きかったりします。

お客様にはそれぞれのペースがあり、決断のしかたも違います。

営業マンが判で押したような対応で決断を迫ると、「尊重されていない」と判断し、相談をしてくれるどころか、別の会社に足が向くようになるでしょう。

まずはそのときにできることをきちんとやっておいて、後の判断はお客様に任せること。

そうしたほうが、結果的にはあなたにとってプラスの結果を生むことにもなるのです。

一生使える

65 一度きりしか使えないクロージングトークは絶対にNG

会社の近くにある車のショールームを訪れたときの話です。

対応してくれたのは若い営業マンだったのですが、ある車種に興味があると私が話すと、「今日は本当にラッキーですね、お客様！　多忙のため、ふだんは営業所にいないマネジャーが今日はたまたまいますので、多少は値段交渉ができるかもしれません！」と、すぐさまマネジャーにバトンタッチ。

「この車種は本当に人気があるんです。見てください、あのホワイトボード。あれが今月の受注数です！　ほぼ毎日決まってますでしょ!?　今日決めていただければ、最短で納車できるようにしますし、お値段もできるかぎりのことをさせていただきます。ちなみに私はほとんどこのショールームにいないので、いま決断してくださると本当に助かります」

ずいぶん心が動かされたのですが、何しろ急な話。

結局、その日は契約せずに帰りました。

帰る途中、こう思いました。

「ああ、せっかくマネジャーがいたんだから、買うなら今日だったのかもな……」と。

ところが後日、たまたまそのショールームの前を通りかかったところ、めったにいないはずのマネジャーが、ホースを手に作業着で洗車をしているではありませんか。

しかも、さらにその翌日もショールームにはマネジャーの姿が……。

「あれ？　今日もいるんだ。ひょっとして、この前のは新手の営業トークだったのかもしれない……」

私の気持ちは一気になえてしまい結局、二度とショールームに立ち寄ることはありませんでした。

この例からもわかるように、一度きりしか使えないクロージングトークは、諸刃の剣。

その場かぎりのクロージングトークは絶対に使わないようにしましょう。

もし、そのときに契約が決まらなかったら、再び商談となったときに、「ダマされた」とか「あれはウソだったのか？」とお客様を白けさせるだけ。

とくに購入を決めるまでに時間が必要なタイプのお客様や、「信頼できる営業マンから購入したい」と考えているお客様の場合は、その傾向が強くなります。

クロージングには、あくまでも正攻法で臨む——。

これが何よりも大切なのです。

一生使える

66 「期日」に返事をもらうにはコツがある

営業マンであれば、「返事が待ちきれない」「どうなっているのかな?」という気持ちになることがよくありますよね。

とくに思い入れの強いお客様だと、いつも以上に熱が入ってしまうことでしょう。

でも、だからといって返事を促したり進捗状況を尋ねる回数が増えていくと、**「返事をせかしてくる営業マン」**という印象をもたれてしまうので注意が必要です。

では、そのような事態を招かないためにはどうすればいいのでしょう?

答えは、「だいたい○日くらいまでには返事をください」といって、あらかじめ「期日」を設ける——。

それだけです。

たとえば、こんな感じです。

「今日は10日ですので、だいたい月末頃までにはお返事いただけそうですか?」

ポイントはきっちり○日と決めるのではなく、おおよその日にちを設定しておくところにあります。

「だいたい○日くらい」という一言が、お客様の気持ちを軽くするのですね。

そうすれば、ほとんどのお客様から約束してもらうことができますし、目安となる日にちを過ぎても連絡がなければ、こちらから連絡してみるというやりとりが、ごく自然にできるようになります。

それでも最終的な返事をもらえないような場合は、そのときの進捗状況を共有して、あらためて次回の日にちを設定しておくといいでしょう。

さらに大切なのは、商談で最善を尽くした後は、あまり期待しすぎることなく、**「もし、そのお客様がダメでも別のお客様で……」**という姿勢でいることです。

私の経験からいっても、お客様から連絡がないということは、結局はいい返事をもらえないケースのほうが多いもの。

そんなときに返事を迫っても、逆効果になるだけです。

まさに「果報は寝て待て」ということなのかもしれません。

実際、それくらいの心づもりでいれば、自分自身の気持ちにゆとりができ、結果として格段に営業効率がよくなります。

ぜひ参考にしてみてくださいね。

一生使える

67 断られたときの態度に営業マンの真価は表れる

クロージングで断られたとき、あなたはどうしていますか?

お客様に断られた際に、「お忙しいなか、お時間をいただき、ありがとうございます。また ご一緒させていただけることを楽しみにしております」とどれだけ爽やかにいえるか?

これがある意味で、数字が伸びるかどうかのポイントになります。

お客様は、断ったときの営業マンの態度や言動をよく観察しているもの。

なぜなら、お客様のなかには、断ることが苦手な人が少なくないからです。

それもそのはずです。人というのは皆、「相手から嫌われたくない」と思いますよね。

その気持ちを理解できるかどうかが、お客様から「また、あなたから買いたい」といわれる営業と、「もうけっこうです」といわれる営業との差につながるのです。

また、断ってくるお客様のなかには、まだ迷っていたり、営業マンに対してどこか後ろ髪をひかれる思いをしている方も少なからずいるもの。そんなとき、

「ぜひ、私としてはご一緒させていただけたらと考えておりましたので残念ですが、○○

様のご成功を心よりお祈りしております」

と営業マンからいわれたら、お客様はどう感じるでしょう？

そう、**「この人にしたほうがよかったかも」**と思ってくれるかもしれませんよね。

実際に私の場合、「安いから○○社にお願いしようと思ったけど、やっぱりあなたにお願いしたい」といって契約を覆してもらったことが何度もありました。

色よい返事がもらえなかったからといって、ガックリ肩を落とす営業マンがいます。なかには、お客様の気をひこうとするあまり、「悔しいです！」といってしまう営業マンも。

これは、お客様に「かわいそうなことをしたなあ」という気持ちにさせるのが狙いなのでしょうが、いわれたほうにしてみれば後味が悪くなるだけです。

大切なのは、**「いま、お客様はどのような気持ちなのか？」**を理解し、その気持ちにきちんと対応することです。

たとえお客様に断られたとしても、あなたの魅力を感じさせることは十分にできます。

契約がゴールの営業マンになってはいけません。

そもそも、お客様との関係は契約してからスタートするもの。

断られたときこそ、誠実さを感じてもらえるような営業になりましょう。

一生使える

68 買ってもらえた「理由」を質問しよう

「営業マンとしての自分の『売り』や『ブランド』というのは、どうやってつくっていくものなのでしょうか?」

こんな質問をされることがよくあります。

そのとき、私はいつもこう答えます。

「契約をしてもらった際に、『どうして私(当社)を選んでもらえたのでしょうか?』とお客様に聞いてみてください」と。

選んでもらえた理由をお客様に尋ねる——。

じつに単純なことなのですが、その効果は本当に大きなものがあります。

でも、これが実際にできている営業マンは、100人に1人もいないというのが私の実感。

私は、いつも「もったいないなあ」と思っています。

よく考えてみてください。

お客様が買ってくれるということは、営業マンに対して何かしらの魅力を感じたということですよね。

つまり、「どんな理由で選んだのか？」という問いへの答えのなかにこそ、あなたの「売り」や「ブランド」に直結する秘密が隠されているのです。

実際、「選んでもらえた理由」を知れば知るほど、自分の強みを強化できたり、「この方法でいいんだ」という確信を得られるもの。

さらには、別のお客様との商談でも、**「こういう理由で選んでいただいております」**と堂々といえるようにもなります。

そうすれば、お客様も安心して契約できるし、何よりも営業マン自身が、売るという行為のストレスから解放されますよね。

多くの営業マンが、買ってもらったら結果オーライで終わらせてしまっているのに対し、トップ営業ほど、買ってもらえた理由を日々、蓄積しています。

お客様から選んでもらえたときこそ、一歩踏み込んで、その理由を聞いてみましょう。

そうすれば、きっとあなた自身が「えっ、そんなこと思ってくれていたんだ」と驚くような、新たな魅力に気づかされることになりますよ。

一生使える

69

断られた理由は「ライバルの強み」を知る絶好のチャンス

先ほど、「選んでもらえた理由を聞こう」といいました。

それとは正反対になりますが、**「断られたお客様の声」**にも、自分の「売り」を磨くヒントが隠されています。

よく「断られると自分が否定された気持ちになる」という営業マンがいます。

では、１つ質問をします。

もし、断られた理由を聞かないとどうなりますか?

「また同じ理由で断られる」という最悪の結末を招くだけですよね。

しかも、その理由に営業マンが気づかずに。じつに怖いことです。

「営業は断られてから始まる」という有名なフレーズがありますが、私にいわせてもらえるなら、売れる営業ほど**「断られた理由を聞くチャンスだ!」**と燃えるもの。

彼らは、「お客様は、どんな営業マンを選んだのだろうか?」と単純に興味をもちます。

そして、「その営業マンがしていることを学んで、もっといい営業マンになろう!」と本気で思っているのです。

お客様から他の営業マンの話を聞く絶好のチャンスであるのにもかかわらず、何もしないでいるというのでは、あまりにももったいないと思いませんか？

契約してもらえなかったお客様であったとしても、

「今後の勉強のために、差し支えない範囲でかまいませんので、このたび当社と契約に至らなかった率直なご理由をお聞かせいただけましたら幸いです」

と尋ねてみましょう。予想もしない言葉が返ってくるかもしれません。

そうすれば、何はともあれ自分の勉強になります。

さらには、「なぜダメだったのか？」と上司に尋ねられた際にも、「こういう理由で今回はお断りでした。他社を選ばれた理由はこうでした。したがって、次の営業ではこういう点を活かして契約につなげていきたいと思います」と報告すれば、上司からも評価されることでしょう。

断られたときこそ、**「自分が営業マンとして、より成長できるチャンスなのだ」**と考えるのです。

その心がまえで日々の営業に臨んでいれば、おのずとあなたのステージも上がっていくことでしょう。

第7章「クロージングの基本」のエッセンス

◎営業マンが力を注ぐべきなのは、あくまでもクロージングの前段階。

◎「買うかもしれない」お客様を大切にしましょう。

◎その場かぎりのクロージングトークに頼らない営業法を確立しましょう。

◎返事をお願いするときは「おおよその締め切り」にしておきましょう。

◎断ってきたときのお客様の気持ちを想像できる営業マンになりましょう。

◎買ってもらえた理由のなかにこそ、あなたの「売り」が隠されています。

◎断りの理由を積極的に知るのは、売れる営業になるための近道です。

第8章

一生、あなたのお客様になってくれる！
──アフターフォローの基本

キャンセル・解約・返金……。アフターフォローが苦手だと、それまでの苦労が水の泡になりかねません。また、非常に効率の悪い営業にもなってしまいます。まず、目標とすべきなのは「あなたを選んで本当によかった」とお客様から感謝の言葉をもらえる営業マンになること。アフターフォローの基本を学び、絶対にお客様を後悔させない営業マンになってください。

一生使える

70 「売れたらおしまい」の営業マンになっていませんか？

不意に、すでに契約したお客様から「相談にのってほしい」と連絡が……。

こんなとき、あなたならどのように対応しますか？

「さあ、次のターゲット！」と新規開拓に夢中になっていると、つい、「売上げの上がらないお客様に時間を割くのはもったいない」という心理が働いてしまうかもしれませんね。

でも、じつはここが重要なポイント。

お客様への対応しだいでは、解約されることもあるし、さらなるリピートにつながることもあるのです。

営業マンは、ただ新規顧客と商談をしていればいいというわけではありません。

いかに既存のお客様に満足してもらうか？

会社や自分のファンになってもらうか？

そこに力を注ぐのも、営業マンにとっては大切なことなのです。

実際のところ、売れる営業ほど、既存のお客様から相談をもちかけられたときには、「よかったです。〇〇さんとお話ができて」と、まずは**「感謝の言葉」**を伝えています。

そしてお客様の相談に対して親身にのり、悩みや不安を解消することに全力を尽くします。

あなたも、この姿勢があるかどうかで、営業マンに対するお客様の印象がずいぶん変わってくることは想像できますよね。

そもそも、たとえ単純な相談であっても、わざわざ営業マンにもちかけるというのは、お客様にとっては勇気のいることです。

そんなお客様に安心して相談してもらうためにも、**「いつも気にかけています。いつでもご連絡くださいね」**という受容の姿勢を見せておくことは絶対条件。

たとえお客様が何度も同じような相談をしてきたとしても、うんざりした顔を見せてはいけません。

「営業として自分の説明に納得感が得られなかったからなのかもしれない」

「お客様は、まだ不安をおもちなのかもしれない」

あなたには、このような想像をめぐらせることのできる営業マンになってほしいと思います。

一生使える

71 4つの情報を集めて「リピート率」を上げよう

「契約はしてもらえるけど、なかなかリピートにつながらない」と悩んでいる営業マンがいます。

私も営業を始めた当初、お客様から **「リピートはしない」** という一言を聞くのはとてもつらかったものです。

「あなたはもう必要ない」といわれた気になることさえあったほどです。

では、どうすればお客様からリピートしてもらうことができるのでしょう?

それには、日頃から以下の4つの情報を集めておくと効果的です。

①リピートすることでお客様が得られるメリット
②お客様がメリットを享受できる続け方
③リピートすることで成功した事例
④リピートしない理由

まず、①〜③が必要な理由は、あらためて説明しなくてもわかりますよね。

要は、リピートすることで得られるメリットをさまざまな角度からお客様に伝える、ということです。

④の「リピートしない理由」については、「わざわざ集める必要なんてないんじゃないの？」と思われた方がいるかもしれませんが、そんなことはありません。

なぜなら、「リピートしない理由」がわかれば、その問題を解決することで、再びリピートしてもらうことが期待できるからです。

たとえば、英会話スクールで「長期の海外出張が入ったからレッスンを解約したい」といわれた場合、「退会してしまわれると、ご再開の場合は1からのご入会になってしまいますので、休会制度をご利用になられてはいかがでしょうか？　会費はかかりませんので、ご安心ください」と伝えるだけで、「お願いします」となることもあるでしょう。

このようにお客様の状況に合わせてデメリットを減らす提案をしたり、メリットを享受できる方法を提案するのも営業マンの大切な役目です。

そのためには、つねにお客様の明るい未来を信じ、「お客様が成功するまでご一緒させていただくためには、どんな提案ができるのか？」「どんな言葉をかければモチベーションが高まり、前向きになってくれるのか？」について考えておくことです。

それさえできていれば、自然とリピート率は上がっていくことでしょう。

一生使える

72 商品やサービスに不満があるお客様への対処法

企業の中途採用の支援をしていた頃の話です。

「山本さん、この前、採用した○○さん、全然仕事ができないから困ってるんだよ」とクライアント先の人事担当者からクレームが来たことがありました。

じつは、こうしたクレームにどう対応するかが、あなたのファンを増やすか、お客様を失望させるかの分かれ道になります。

絶対にやってはいけないのは、他人行儀で事務的な対応です。

まずは、「ぜひ、詳しくお話をうかがわせていただけますか？」と共感の気持ちで受け止めます。そして、「自分に何かできることがないだろうか？」という姿勢で、しっかりと話を聞きましょう。

うまくいかないときでも、最後までお客様を幸せに導くよう努力する――。

それが営業マンに課せられた使命なのです。

冒頭の私のケースに話を戻します。

「全然仕事ができない」といわれた原因を突き止めると、じつは、仕事を教える暇がないくらい、多忙な部署だったことがわかりました。

そこで私は新たなポジションを提案し、そこに彼を配置転換してもらうことにしました。

そして次に、元々その人がいたところには別の人を採用してもらうことにしたのです。

その結果は……。まさに適材適所だったのでしょう。2人とも、将来のリーダー候補といわれるまでになったのです。

ここで肝心なのは、**「提案の順番」**です。

先のようなクレームの場合、まずは新しい人の採用を提案するのが通常のパターンです。

でも、私はその前に「その人に頑張ってもらう方法はないか？」「活用できることはないか？」と、人事担当者であるお客様と一緒になって模索しました。なぜなら、コストがかかることばかりを優先させていては、お客様に悪印象をもたれてしまうからです。

極力、お客様に負担をかけない形でクレームに対応する――。

それができたからこそ、いい結果につながったのだと思っています。

いずれにしても、クレームが起きたときには、根本となる原因を知ることが大切です。

そのうえで、根本の原因を解消することに力を注げば、必ず突破口を見出せます。

ぜひ、クレームに強くなって、あなたのファンを増やしていってください。

一生使える

73 クレーム対応では「2つの整理」をしよう

昔、私の母がスーパーで柏餅を買って食べたところ、食中毒になったことがありました。そのことをお店にいうと、「レジに並んでください。お金を返しますから」と冷たくいわれたとのこと。

クレーム対応でまずいのは、すぐさま**「現実の整理」**をしようとすることです。「壊れたから取り替えてほしい」「お金を返してほしい」「担当者を代えてほしい」といったお客様からの要求に対して、「はい、わかりました」と淡々と処理しようとする。

ところが、そこで**「感情の整理」**が不十分だと、「あなたのいうことはわかるけど、納得できない」とお客様の怒りを倍加させることになってしまいます。

つまり、クレーム対応は「感情の整理」と「現実の整理」の2つに分けて考える必要があるということです。

ちなみにここでいう「感情」とは、自分の気持ちや立場、メンツのような主観的な要素。「現実」とは、「解決策は何か？」といった客観的な要素のことです。

さらに重要なのは、「感情の整理」→「現実の整理」の順番でクレームに対処することです。

たとえば、お客様から「まったくどうなっているんだ！」といわれたとします。

まず、営業マンとして大切なのは、「私どもの不手際で、ご不快な思いをさせてしまい申しわけございません」と「感情の整理」に努め、お客様をクールダウンさせていくことです。

次に、「商品をお取り替えさせていただきます」「返金させていただきます」など、具体的な「現実の整理」につなげ、お客様に納得をしてもらいます。

営業マンが解決策を提案しても、なかなかお客様が納得してくれない——。

その理由はたいていの場合、お客様側で「感情の整理」がついていない、というところにあります。

そのため、クレームが長引いてしまうのです。

クレームが起きたときには、何よりも「感情の整理」を優先し、お客様の気持ちをしずめてから「現実の整理」に話を進めて対処する——。

営業マンとしての基本になりますから、しっかりと身につけておきましょう。

一生使える

74 クレーム客を「ファン」に変える5つのステップ

売れる営業ほどクレームのお客様をファンに変え、売れない営業ほどクレームのお客様との関係が完全に切れてしまう――。

これは、私が数多くの営業マンを見てきてたどりついた1つの結論です。

ここで、私がこれまで実践してきた**「クレームのお客様をファンに変える方法」**についてご紹介しましょう。

具体的には、次の5つのステップです。

STEP① 「共感」する

「おっしゃるとおりでございます」「ご指摘はごもっともでございます」「お気持ちは本当によくわかります」「貴重なご意見を真摯に受け止めます」――まずは、共感を示します。

STEP② 「謝罪」する

「ご不快な思いをさせてしまいまして誠に申しわけございません」「ご期待をしていただいたのにもかかわらず、大変失礼いたしました」「お手をわずらわせまして誠に恐縮です」「せっかく当社の〇〇の商品をご利用いただきながら～」――誠実さや真剣さを表現します。

STEP③「聞く」ことでクレームの根本理由・背景・問題点などの事実確認をする

「どのような状況か詳細をおうかがいさせていただいてもよろしいでしょうか？」「恐れ入りますが、もう少し詳しく教えていただけますでしょうか？」――お客様が抱える問題に焦点を当てます。

STEP④ 問題に対する「代替案・解決案」を冷静に提示する

「すぐに同じ商品をご自宅にお届けさせていただきます」「それでしたら、こちらのサービスにてご対応させていただきます」「お役に立てず心苦しいのですが、やはりこちらの方法しかございません」――理解・協力をしてもらえるよう注意しながら話を進めます。

STEP⑤「感謝・お礼の気持ち」を伝える

「いいにくいことを教えていただきましたこと、心より感謝申し上げます」「お忙しいなか、貴重なご意見をいただきまして、ありがとうございました」――最後までお客様の自尊感情に配慮しましょう。

――以上の5つのステップにしたがって進めれば、クレームは決して怖いもの、嫌なものではなくなります。

ぜひ参考にしてみてください。

一生使える

75 異性のお客様からの誘いにはどう対応すればいいの？

「今度、当社のゴルフコンペにご一緒しませんか？」

営業をしていると、お客様からこのように誘われることがしばしばあります。

ゴルフならともかく、もし「2人で飲みに行こう」と、あなたが異性のお客様から誘われたらどうしますか？

経費削減のため、接待が禁止されている会社も増えていますが、お客様のなかには「公私ともに仲よくなってこそ契約の話ができるんだろう」と思っている方がいるのも事実です。

営業マンとしては、とても悩ましいことですよね。

それはともかく、ここで一番ダメなのは「セクハラです！」と騒ぎ立てること。

これでは、お客様を悪者にしてしまうだけです。

こうした異性からのお誘いがあった場合は、節度を保ち、建前を上手に使いながら、まずはお誘いいただいたことに感謝の気持ちを伝えましょう。

そのうえで、お客様の自尊心を傷つけないよう、やむを得ない事情があることを伝えて丁重にお断りをします。

こんなことをいうと、次のような疑問をもたれた方がいるかもしれません。

「でも、なかには何度も誘ってくる人もいるし……。しかも、断ってばかりだと、仕事にも影響しそう……。そういう場合はどうすればいいの？」

たしかに、何度も断るのは気がひけますよね。

そこでおすすめなのが、先輩や上司の力を借りることです。

「○○様は大事なお客様ですので、上司も『ぜひ一緒に』と申しております」

このように1対1の関係から、先輩や上司を交えての関係にしたうえで、次の仕事の話へと発展させていくのです。

とくに女性営業の場合、「男性のお客様と1対1で飲みに行くのには抵抗がある」と思っているることが少なくありません。

決して1人で抱え込まず、周りの先輩や上司に相談をしましょう。

ちなみにこの方法は、対お客様にかぎらず、対上司や社内の人にも使えます。

ぜひ、相手のプライドや自尊心を傷つけたりすることなく、スマートな形でいい関係を築いていってください。

一生使える

76

「出身地の話」はするべき？　それともやめるべき？

「自分の出身地はオープンにしたほうがいいのだろうか？」

以前、こんなことで悩んでいた時期があります。

だれがどこの出身であるかなどということは、基本的にはビジネスの場では関係ありません。したがって、地方から都心に出てきた私は、自分の出身地を明らかにすることに対して否定的でした。

でも、毎日の営業活動のなかで、以下のような会話を1人や2人ではなく、数多くの方と交わしていくうちに、私の考えは変わっていきました。

「もしかして山本さんは広島出身ですか？」

「そうです！　どうしておわかりになったんですか？」

「ちょっとしたイントネーションで、なんとなくね」

「広島出身です。もしかして○○さんも広島のご出身なんですか？」

「そうなんです！　嬉しいです！　仕事先で同じ出身の方にお会いするなんて!!」

あるときなど、馴染みの訪問先で地元話に花が咲き、地元が一緒の別のお客様を紹介してもらえたケースも。

そんなこともあって、私はお客様から聞かれたときには、臆せず自分の出身地をいうようになったのです。

一般的な傾向として、とくに都心部での取引先やビジネスの場での出会いでは、方言を隠し、出身地の話をしないようにしている営業マンが多いようです。

でも、お客様のなかには、営業マンの出身地に興味をもっている人が少なくありません。**なぜなら、そういう人は自分自身が地方出身で、同じ故郷や地域の人を探しているものだからです。**

目先の利益を奪い合うことに必死な毎日だと、同郷の人に出会ったとき、張りつめていた緊張がフッと解けて嬉しさを感じるからなのかもしれませんね。

もちろん、故郷の話を敬遠するお客様もいますから、すべての人に当てはまるわけではありません。

あくまでも「お客様から聞かれたときに」ということではありますが、そうした機会があったときにきちんと話せるよう、日頃から準備だけはしておきましょう。

そこから大きなチャンスが生まれるかもしれませんよ。

一生使える

77

「家族トーク」をしたがっているお客様は意外に多い

私が20代の頃、取引先のお客様から**「家族の話題」**を切り出されて、どう答えていいものか戸惑ったことがあります。

「今日、息子の誕生日で、これから家に帰ってお祝いの料理をつくるんですよ！」

「そうなんですね……。おっ、おめでとうございます」

私の反応が鈍いためか、もう1つ会話が弾まず、何だか気まずい雰囲気に……。

当時の私と同じように、まだ人生経験が浅い営業マンのなかには、**「『家族の話題』にはなかなかついていけない」**という人もいるのではないでしょうか？

ずいぶん後から気づいたのですが、「家族の話題」に強いのは、売れる営業になるための条件の1つです。

あなたは、お客様が家族の話題に触れたとき、どういう反応をしていますか？

私の経験からいうと、

「家族の話題を通して、人間らしいつき合いをしたい」

と考えているお客様は意外に多いものです。

そんなお客様に対して、ビジネスライクなつき合いに終始してしまうとどうなるでしょう？

きっと表面的な関係で終わってしまいますよね。

営業マンが「ただの業者だと思われたくない」「『あなただから買いたい』といわれたい」と考えているのと同じように、お客様も「ただのお客様ではなく、『素晴らしいお客様だ』と思われたい」「『素晴らしい人生を送っている人だ』と感じてもらいたい」という願望をもっているのです。

実際、家族など自分が大切にしている人に対して関心をもってもらうと、だれでも嬉しいもの。

そしてその傾向は、社会的に成功したお客様ほど強いように思います。

あなたなら、家族の話題にきちんとついてきてくれる営業マンと無関心な営業マンのうち、どちらに好感をもちますか？

「仕事と私生活は別」などと割り切らず、あなたもぜひ、若いうちから家族の話題に強い営業マンになってください。

第8章「アフターフォローの基本」のエッセンス

◎既存のお客様に満足してもらうことも営業マンの大切な役割です。
◎リピートすることの意義を数多く伝えられるようになりましょう。
◎クレームとなった根本の原因がわかれば必ず突破口が見出せます。
◎クレームが起きたら、まずは「感情の整理」を優先しましょう。
◎「共感」から始まるクレーム対応でお客様をあなたのファンに変えましょう。
◎異性から誘われたときは先輩、上司の力を借りましょう。
◎場合によっては「出身地の話」をお客様との最大の接点にしましょう。
◎「家族の話題」に強くなることで、よりお客様と人間らしいつき合いをしましょう。

第9章

「売れ続ける営業」は皆、やっている！

――社内の人間関係の基本

この章では、売れ続ける営業になるために必ず身につけておきたい「社内の人間関係の基本」をお伝えします。

社内の人を敵に回すか？ 味方につけるか？

その違いは、天と地ほどの差となって表れます。

営業マンなら知っておいてほしい、
人間関係のエキスパートになるための秘訣を一挙公開します。

一生使える

78 企業内営業のススメ

「お客様からいただきました。どうぞ皆さんで食べてください」と会社に戻ってくるなり菓子折りを社内の人たちに配る営業マンがいます。

それを見て、「社内の人間にペコペコするのはおかしい！」と考える新人営業が毎年いるようです。

でも、そのようなスタンスでいると、社内が敵ばかりで、まさに「一匹狼」ということになってもおかしくありません。

「だいぶ前からいっているのに、どうしてやってないんだ！」

依頼していた仕事を後回しにされて、後方支援をしてくれている事務部門の人と喧嘩をすることになるのは、たいていこういうスタンスでいる人です。

その一方で、トップ営業は周囲からの応援をとりつけるプロでもあります。

たとえば、営業がうまくいったときなど、「〇〇さんのおかげで今日はお客様に喜んでもらえました」と必ず感謝の気持ちを直接、伝えています。

そう、こうした当たり前のように見える気遣いが、「また力になってあげたいな」と周囲の人に思わせる大きな要因となるのです。

とくに押さえておきたいのは、自分の仕事を直接サポートしてくれている人へのケア。

営業は自分が外出している際、社内でサポートをしてもらわなければなりません。

現実の問題として、10人の営業マンがいれば、そのなかでも真っ先に優先してもらえる営業マンにならないと対応が遅くなり、スピード感も失われます。

売れ続ける営業は、社外はもちろんのこと、社内にもファンがいるような存在、すなわち「サポートしたいランキング」の第1位。

自分の都合ばかり押しつけて効率化を図るのではなく、ときには事務の人が苦手な作業なども率先して手伝いましょう。

そうすることが、結局は最短かつ効率的な営業活動につながるのです。

サポートしてくれている人をどれだけ味方にできるか？

売上げをグングン伸ばすためにも、決してこの視点を忘れてはなりません。

一生使える

79 「売る」以外の仕事にもきちんと〝意味〟を見出そう

営業マンのなかには、「細かい『事務作業』が苦手だ」という人が少なくありません。

じつは、私もそのうちの1人でした。

営業先から戻ってくるたび、情報共有化のために社内のシステムに商談内容を入力するのがとても億劫で「だれか代わりにやってくれないかな」と思っていたものです。

不思議なもので、そういう姿勢でいると、見積りの数字が1ケタ間違っていたために稟議が下りなかったり、入力内容に間違いがあったりと細かいミスが増えていきます。

一方、アシスタントも秘書もいないのに、営業成績をきちんと上げながら事務作業にも強い営業マンがいます。

いったい、どこが違うのでしょうか？

それは、「1つひとつの仕事には、それを行うべき『意味』が必ずある」ということを知っているかどうか？

まさにこの1点にかかっているといっても過言ではありません。

まずは、細かな事務作業でも、書類1枚にしても、「すべての仕事は、お客様を担当するうえで大切な仕事だ」と位置づけましょう。

たとえば、ふだん何気なく出している見積りには、どんな意味があるのでしょうか？

これには、お客様に前向きに、そして具体的に検討してもらうための大切な意味があります。

社内システムへの顧客データの入力作業はどうでしょうか？

営業として、お客様を正しく把握するため、そして社内で情報を共有するためという大切な意味が隠されています。

実際、自分がやっている仕事に対する意味を上手に見つけることができれば、やりがいや達成感につながり、営業の仕事を何倍も楽しめるようになれます。

お客様からの質問にもきちんとした意味を付け加えながら説明できるようになりますし、より納得してもらえるプレゼンや営業活動ができるようにもなるでしょう。

さらには、営業リーダーとして部下をもったとき、部下の「なぜ、この仕事をしないといけないのか？」という疑問に対しても、的確に答えられるようになります。

1つひとつの仕事に対して「意味」を見出す——。

ぜひ今日から実践してみてくださいね。

一生使える

80

営業経験が浅い上司とはどうつき合えばいいの？

私がまだ会社員だったとき、隣の部署に新しい営業マネジャーが着任してきました。

ところが、着任早々、その部署の営業マンが次々と辞めると言い出したのです。

じつはこの営業マネジャー、経理や財務といった管理部門での経験は豊富なのですが、営業経験がほとんどありません。

そのため、営業マンに対する指導も「営業なんだろう？ 自分で考えて数字つくれよ！」の一点張り。アドバイスも何もないというのです。

相談を受けた私も、最初は「営業経験がある上司でなくてはダメなのでは？」と思っていました。

ところが、それはまったくの誤りでした。

なぜなら、同じ営業経験者ではないからこそできるアドバイスがあるからです。

それがたとえ直接的なアドバイスではなくても、そこから得られる気づきや学びは営業経験者の上司と同等以上にあると心得ておきましょう。

たとえば、こんな具合です。

「工場ではこういう思いでエンジニアたちが商品をつくっている。だから営業マンにはこうであってほしい」

「人事部ではこういう評価ポイントで社員を見ている。だから教育研修の会社の営業マンにはこうあってほしい」

このように営業以外の視点を知ることは、営業マンとしての仕事に深みを出したり、仕事の幅を広げることに必ずつながります。

営業経験が浅い上司から学べる営業マンは、これまでに出会ったことのないお客様や、自分の引き出しにはないお客様に対しても、積極的にチャレンジします。

なぜなら、**「自分にはまだ知らないことばかりだから、自分以外のだれからでも学ぼう」**とする姿勢にあふれているからです。

もし、あなたの上司に営業経験がほとんどなかったとしても、もうちょっとだけ勇気を出して歩み寄ってみてください。

そうすることで、より仕事がやりやすくなるでしょうし、何よりも上司とのいい人間関係は、いい仕事をしていくためには欠かせないもの。

きっと上司の方も、そのときを待っていると思いますよ。

一生使える

81 苦手な上司との関係をよくする方法

社内の人間関係のなかでも**「上司を味方につける」**ことは、営業マンが飛躍するうえでとりわけ大きなウエイトを占めています。

とはいえ、「どんなときも理解をして信頼してくれる上司」は意外に少ないもの。

私自身、営業研修を受講してくれた参加者から、「上司が自分の手柄にばかりしてしまう」「成績を上げても、まったく評価してくれない」という相談をよく受けます。

なかには、上司が嫌で転職しようと考える営業マンもいるほどです。

実際のところ、転職相談でも、転職の唯一にして最大の理由が「上司とウマが合わないから」という人にも数多く出会ってきました。

ところが、売れる営業は違います。

お客様からだけではなく、上司からも頼りにされる存在なのです。

では、どうすれば上司との関係が改善されるのでしょう?

一番いいのは「ヤツがいないとダメだ」と実力で認めてもらうことですが、じつはもっと簡単な方法があります。

それは、「自分が上司を信頼する」ということです。

「○○さんを頼っていいですか？」「いろいろと教えていただいてもいいでしょうか？」という具合に、まずは上司の自己重要感を満たすようにするのです。

上司とはいえ人間です。そんな部下を可愛いと思わないわけがありませんよね。

次に、「上司を取引先に見立てる」ことです。

具体的には、「上司を幸せにするにはどうすればいいか？」「何をすれば喜んでくれるのだろうか？」という発想をもつこと。

すなわち、日々の営業活動とまったく同じです。

私は研修のなかで、**「上司を幸せにしてこそ一流のビジネスマン」**という言い方をよくしています。

面白いことに、この視点をもてれば、上司に対する行動がこれまでのものとは変わってきます。と同時に、あなたの行動が変われば、上司があなたを見る目も変わってくることでしょう。

上司を苦手なままですませないこと。

これは、あなたの生き方にもつながってくる、とても大切な分岐点だと、私は思います。

一生使える

82 先輩・同僚に手柄を横どりされたときはこう考えよう

私が休暇をとっていたある日のこと。

それまでに何度も接客をしていたお客様が、「契約の申し込みをしたい」と急遽、アポなしで来社されました。

その際、居合わせた先輩が対応し、なんと自分の数字として計上したというのです。

その後、お客様に電話をして、それとなく尋ねると、「てっきり、あなたも知っているものと思っていた」といわれ、返す言葉がありませんでした。

社内の営業マン同士はよき仲間でもあり、ライバルでもあります。

とくに数字が絡むぶん、お客様を横どりされるリスクは他の職種以上に高いと心得ておきましょう。

大切なのは、ここで憤慨して終わるのか、自分にも改善点があると考えるのか、ということ。

実際、この部分で営業が上達するのかどうかが決まるといっても過言ではありません。

「だれの担当か？」は、あくまでも社内の事情であって、お客様には関係がありません。
「私のせいで険悪な雰囲気にさせてしまった」とお客様によけいな心配をさせないのが、本物のプロ営業です。

今回の反省点を踏まえたうえで、次回このようなことがないようにするにはどうすればいいのか？

それを考えることにしましょう。

たとえば、こんな具合です。

①引き継ぎ事項を記載するファイルをつくり、「担当者がだれなのか？」などといった経緯を社内で共有しておく

②お客様に対して、「不在にしていることもあるかと思いますので、お手数ですがお越しになられる前にご連絡いただけましたら幸いです」とあらかじめ伝えておく

③日頃からお互いに協力し合いながら数字をつくれる関係、環境づくりに努めておく

③については、上司も巻き込む必要が出てくるので、現実的には難しいことなのかもしれませんが、長い目で見れば、会社にとっても取り組む価値はあるはずです。

ぜひ、あなたが先頭に立って提案してみましょう。

一生使える

83 社内の事情ばかり優先しない

先日、私の会社に「営業コンサルティングのパートナー講師を探している」との電話がありました。

「外部講師として山本さんに協力していただきたいのですが、今月ご都合がよい日を教えてください」

「ありがたい話なのですが、あいにく今月は予定がいっぱいです」

「それは困ります。じつは上司から『今月中に講師候補を最低10名、リストアップするように』と厳しくいわれておりますので。もし、どうしても来月にとおっしゃるのであれば、今月の数字が未達成で、しかも上司の承認を得たうえで来月お会いするという条件になるかもしれませんが、それでよろしいでしょうか?」

いかがでしょうか?

このトークには問題点がいくつもありますが、**最もまずいのが、自分の都合だけを押しつけている、もっといえばお客様ではなく会社(上司)に目が向いているところです。**

これでは、お客様軽視、会社重視の営業スタイルになっていくのは火を見るよりも明らか。

結果として、仕事に対する主体性が失われ、上司に振り回されるだけで終わってしまうのはもちろん、何よりも「この営業マンの社内事情に巻き込まれたくない」とお客様も警戒することでしょう。

売れる営業は、社内の人間関係を円満に保ちながらも、自分の仕事に自らの意思で取り組んでいます。

仮に上司から厳しい条件を課されていたとしても、それを表に出さず、あくまでもお客様を尊重しようとします。

言い換えるなら、お客様に「選ぶ権利」や「選択肢」を与えることを一番に考えているのです。

「この営業マンは自分の数字合わせのために営業をしているのだろうか？」「この人は自分で考えることができないのだろうか？」「営業をやらされているんだな」とお客様に懸念されていないか、つねに意識を向けておきましょう。

「自分の営業が社内事情偏重になっていないか？」と立ち止まって定点観測することも、売れる営業になるためには必要なことなのです。

一生使える

84 自分の担当以外のお客様も大切にするのが真のプロ

私が営業の現場で直接、指導をさせていただくとき、必ずチェックするポイントがあります。

それは、「自分の担当ではないお客様に営業マンがどう対応しているか？」というもの。

たとえば営業所にいると、電話がかかってくることがあります。

お客様「○○さん、いらっしゃいますか？」
営業マン「おりません」
お客様「何時にお戻りになられますでしょうか？」
営業マン「ちょっとわかりませんね。また電話してもらえますか？」

「自分のお客様じゃないから」という理由で、ぞんざいな対応をしてしまう営業マン。

私の経験からいって、こうした対応をする営業マンは、ほぼ間違いなく売れない営業です。

それに対して、自分の担当以外のお客様にも１００％の対応ができる営業マンは、本当に力がある営業マンです。

実際、売れる営業ほど、自分の担当以外のお客様だとわかった瞬間にアシスタント役を演じたり、引き立て役に回ったりするもの。

「担当ではないけど、○○さんっていい人なんだな」とお客様に思ってもらえるのが真のプロフェッショナルなのです。

営業マンの価値は、自分の担当しているお客様からの評価だけで決まるものではありません。

会社に属している以上、取引しているすべてのお客様に「この営業マンは素敵だな」と思ってもらえるようにしましょう。

そうすれば、あなたの世界が驚くほど広がっていきます。

たとえば、「君はどんなお客様にも上手に対応できる。大事なお客様だから君に任せたい」と上司から重要顧客を任されることにもつながるでしょう。

どんなお客様であっても、つねに丁寧に対応する——。

そんな人だけに、営業の女神は微笑むのです。

一生使える

85 トップ営業になったくらいで、うぬぼれない

同僚の営業マンにこんな人がいました。

「前の会社では思うような結果を出せなかった。だから、あの会社に俺を手放したことを後悔させてやる！」

その営業マンは半年後、見事にトップ営業になりました。

でも、数カ月たって成績が急降下。

「いったい、どうしたのか？」と彼の上司が心配になって尋ねたところ、こんな答えが返ってきたのです。

「トップ営業になるという夢も達成したし、前の会社も倒産したと聞き、何だか急にやる気がなくなってしまって……」

他人を見返したい――。このような動機が出発点となる場合、その目標を達成した瞬間からその結果に満足しきって、**「燃え尽き症候群」**のようになる人がいます。

じつにもったいない話ですよね。

営業の世界で長く活躍しようと思うのであれば、こう考えてみましょう。

「自分は営業という仕事を通じて何を手に入れたいのか？」

「営業の仕事を通じて、どんな人生にしていきたいのか？」

つまり、他人などではなく、自分の内側に動機を確立し、それと主体的に向き合うようにするのです。

私の研修に訪れる営業マンのなかには「営業のいろは」を何度も聞きに来る方が少なくありません。

注目すべきは、じつはその多くが社内にかぎらず、業界でもトップ営業として輝かしい実績をもっているということです。

彼らは、それでも現状に甘んじることなく、「より学び、より成長しよう」と努力しています。逆にいえば、そんな姿勢が伝わるからこそ、お客様も「あなただから買いたい」と思うのです。

だからあなたも、**「学びには終わりがない」**と心して臨みましょう。

偉そうに聞こえるかもしれませんが、トップ営業になったくらいで慢心し、足をとめてはいけません。

そう、本当の営業は、トップになってからこそ始まるのです。

一生使える

86

「リフレッシュ」も大事なスキル

私が会社員時代、寝袋を持参して会社に泊まり込む営業マンがいました。

ところがその営業マン、ノルマを達成した翌日に過労で倒れて入院することに。

いくら熱意があるとはいえ、体を壊しては元も子もありませんよね。

長く営業マンとして活躍するためには、心身ともにリフレッシュすることが大切です。

スポーツ、旅行など自分に合っている方法であれば何でもいいと思いますが、ギャンブル、さらには過度な飲酒でストレスを解消しようとするのは、あまりおすすめできません。

なぜなら、訪問すると見せかけてパチンコに出かけたり、ひどい二日酔いのために仕事に身が入らなくなる営業マンを数多く見てきたからです。

何より、そんなことではお客様にも疲れている印象を与えてしまいますよね。

一方、売れる営業は「○○さんといると元気をもらえるよ！」とお客様に活力を与える人が多いものです。

そんな彼らがしているリフレッシュ法には、ある特徴があります。

それは、営業活動そのもののなかでストレスを解消している、ということ。

「そんなことでストレスが解消されるのか？」と疑問に思う人もいるかもしれませんが、意外にだれもが手に届く、身近なところにその解消法はあるようです。

代表的なストレス解消方法は、**「お客様から評価されること」**。

「○○さんだからお願いしたい」「○○さんだから継続する」といわれることで自分の存在意義を感じることができる。だから疲れも一気に吹っ飛ぶというわけです。

「迷っていた、あのお客さんが自分を選んでくれた」「自分だから契約を結んでくれた」

そういう場面を、ノルマを達成した月末の時点で喜びを噛みしめながら振り返る。

それが、何よりのリフレッシュ法。

実際、売れ続ける営業ほど、お客様から癒されているというのも厳然たる事実なのです。

「お客様の幸せを応援するのと同時に、お客様から幸せな気持ちにさせてもらう」という好循環を築いているということですね。

営業マンとして、いや1人の人間として、相手から喜ばれたり、必要とされるのは何よりも嬉しいこと。

やはり優秀な営業マンは、リフレッシュ法もじつに基本に忠実です。

ぜひ、あなたもそんな営業マンになりましょう。

第9章「社内の人間関係の基本」のエッセンス

◎周囲からの応援をとりつけるプロになりましょう。
◎仕事への意味づけが得意になれば、やりがいと効率が格段にアップします。
◎営業経験の浅い上司からは、想像以上に新たな気づきや学びが得られます。
◎上司を幸せにしてこそ一流の営業マン。
◎社内の営業マンともいい関係を築いて、ストレスのない毎日を送りましょう。
◎自分の都合ばかりを押しつける営業マンに明るい未来はありません。
◎自分のお客様だけではなく、担当以外のお客様も大切にしましょう。
◎つねに「昨日の自分よりも成長できたか？」と問いかけてみましょう。
◎営業活動のなかでリフレッシュをして、人生をより豊かなものにしましょう。

おわりに

「基本」さえ守れば、必ず道は開ける

営業という仕事ほど、自分の魅力を高め、人生を豊かにしてくれる素晴らしいものはない――。

これは、私の心からの実感です。

とはいえ私自身、最初からそう思っていたわけではありません。

成果が出ない日々が続いたとき、営業という仕事に就いたことを心底、後悔したこともありました。

焦りから、やみくもに高度な営業テクニックを真似してはみるものの、どれも自分のものにすることができず、まさに失敗の連続。

何度、辞表を書こうと思ったことか数えきれないくらいです。

そんな私が、徐々に成果を出せるようになり、やがてはトップといわれる数字を出し続けられるようになって、あらためて気がついたこと――。

それは、「営業の基本」の重要性です。

なぜ、基本だけで成果につながるのか？

それは、あまりにも簡単な理由です。

基本こそ、多くの人がおろそかにし、結局のところ自分のものにできていない――。

だからこそ、あなたには確固とした基本を身につけ、かつそれを実践することで、お客様を感動させられるような営業になってほしいのです。

これから営業としての毎日を過ごすなかで、うまくいかないことが続いたり、なかなか目標を達成できない、というようなこともあるでしょう。

そんなときこそ、あまり難しく考えたりせず、この本でお話しした「営業の基本」を思い出し、**「もっと自分にできることはなかっただろうか?」**と、1つひとつ行動に移していってください。

大丈夫。

基本を守ったうえで、日々出会うお客様を全力で幸せにしていくことを心がけてさえいれば、未来は開けます。

そう、あなたも必ず売れる営業、いや売れ続ける営業になれるのです。

最後に。

いつも私に大きな力を与えてくれている家族や友人。

これまで出会った、たくさんの素晴らしいお客様と、これまでご一緒させていただいた、すべての方々。

皆さんのおかげで、いまの私があります。

この場を借りて心よりお礼申し上げます。

そして、最後の最後まで、いい本になることに全力を傾けてくださった大和出版の竹下聡さん。

ここまでお力添えいただき、感謝の気持ちでいっぱいです。

本当にありがとうございました。

さあ、本当に最後になりました。

ここまでお読みくださったあなた。

あなたのますますのご活躍とご多幸を心よりお祈りしております。

またどこかでお会いできる日を楽しみにしております。

株式会社プラウド　山本幸美

個人営業・法人営業の両方でNo.1

一生《いっしょう》使《つか》える「営業《えいぎょう》の基本《きほん》」が身《み》につく本《ほん》

2014年 4 月20日　　初版発行
2020年 2 月27日　　13刷発行

著　者……山本《やまもと》幸美《ゆきみ》
発行者……大和謙二
発行所……株式会社大和出版
　東京都文京区音羽1-26-11　〒112-0013
　電話　営業部03-5978-8121／編集部03-5978-8131
　http://www.daiwashuppan.com
印刷所……誠宏印刷株式会社
製本所……ナショナル製本協同組合

ISBN978-4-8047-1799-9